KB041491

입증

입증

이영의, 최원배, 여영서, 박일호 지음

서광사

입증

이영의, 최원배, 여영서, 박일호 지음

펴낸이 | 이숙
펴낸곳 | 도서출판 서광사
출판등록일 | 1977. 6. 30.
출판등록번호 | 제 406-2006-000010호

(10881) 경기도 파주시 회동길 77-12 (문발동)
대표전화 (031) 955-4331   팩시밀리 (031) 955-4336
E-mail: phil6161@chol.com
http://www.seokwangsa.co.kr | http://www.seokwangsa.kr

제1판 제1쇄 펴낸날 — 2018년 2월 20일
제1판 제5쇄 펴낸날 — 2022년 9월 30일

ISBN 978-89-306-2381-0   93160

이 책은 과학철학의 중요한 주제인 입증을 다룬다. 입증은 가설과 증거 간의 관계로서 그것은 사람들이 내일 직장 상사의 기분이나 날씨를 전망할 때와 같은 일상적 삶의 맥락뿐만 아니라 주식 동향, 법정 증언, 과학적 가설을 평가하는 맥락에서도 발생한다.

이 책의 공동 저자들은 대개 입증의 문제에 대해 지속적으로 관심을 갖고 연구를 해 온 사람들로, 2013년 7월 이래 정기적으로 연구 모임을 갖고 책의 전체 구조와 세부 내용 및 각자 담당할 부분을 정해 집필을 해 왔다. 이에 따라 1, 2장은 여영서, 3장은 최원배, 4장은 박일호, 5장은 이영의가 맡아서 작업을 했다. 각자 초고를 완성한 후에 함께 읽으면서 여러 차례 수정하는 작업을 거쳤고, 막바지에는 책 전체가 일관성을 지니도록 박일호가 정리하여 현재의 모습을 띠게 되었다.

우리는 이 책의 주요 독자를 입증 문제에 관심을 가질 만한 학부 학생이나 대학원생으로 잡았고, 논의 수준과 범위도 거기에 맞추었다. 이에 따라 여기서는 아주 전문적인 내용까지는 다루지 않았으며, 입증에 관한 여러 이론을 소개하면서 특정 이론을 지지하는 입장도 표명하지 않았다. 더욱 전문적인 내용에 관심을 갖는 사람이라면 각 장 끝에 소개해 놓은 관련 문헌을 나침반 삼아 입증의 너른 바다로 더 항해해 나가길 바란다.

　이 책은 이영의 선생님의 회갑 기념 도서로 기획되었다. 국내 철학 공동체는 입증을 비롯한 과학철학의 여러 주제에 관한 선생님의 선도적 연구를 통해 더욱 다양하고 풍성해졌다. 이 책을 통해 선생님께 감사의 말씀을 드릴 수 있게 되어 무척 다행스럽게 생각한다. 더불어 책의 초고를 꼼꼼히 교정해 준 전북대학교 철학과 박사과정 이일권과 어려운 출판 환경에서도 과학철학의 주제를 다룬 이 책을 출판해 주신 서광사에 감사드린다.

2017년 12월 1일
박일호 씀

차례

1

증거와 가설 그리고 입증

1.1 틱타알릭과 벌컨 행성

틱타알릭은 머리가 납작하고 다리가 네 개 달린 선사시대의 물고기다. 어류이지만 동시에 사지동물의 특징을 지니고 있다. 시카고대학교 고생물학과의 닐 슈빈 교수와 그의 연구팀은 2004년에 캐나다 북부에서 틱타알릭의 화석을 처음 발견하여 진화론을 뒷받침하는 증거로 제시하였다. 슈빈 교수와 그의 연구팀은, 사지동물이 어류로부터 진화했다는 진화론의 가설이 옳다면 온전한 사지동물이 출현하기 이전에 어류 및 사지동물의 특징을 모두 지닌 생물이 존재했을 것이라고 예측하고, 이 예측을 경험적 사실로 확인할 수 있는 증거를 찾다가 틱타알릭의 화석을 발견한 것이다. 이렇게 해서 틱타알릭의 화석은 사지동물이 어류로부터 진화했다는 진화론의 가설을 지지하는 증거가 되었다.

틱타알릭 화석은 우연히 발견된 것이 아니다. 사지동물이 어류로부터 진화했다는 진화론의 가설 아래 슈빈 교수와 그의 연구팀은 틱타알릭과 같은 종류의 생물 화석을 어디서 찾아야 할지 정확히 예측했다. 그 예측은 가장 오래된 사지동물의 화석이 약 3억 6,500만 년 전의 지층에서 나왔고, 또 가장 오래된 어류의 화석이 약 3억 8,000만 년 전의 지층에서 나왔다는 두 가지 사실에 기초하여 사지동물이 어류로부터 진화했다면 어류 및 사지동물의 특징을 모두 지닌 생물의 화석은 3억 8,000만 년 전부터 3억 6,500만 년 전 사이의 지층에 있다고 추정한 결과였다. 슈빈 교수와 그의 연구팀은 그 시기에 맞는 지층을 캐나다에서 찾아냈고, 5년간의 조사를 통해 결국 그 지층에서 틱타알릭의 화석을 발견해 냈다. 사지동물이 어류로부터 진화했다는 진화론의 가설을 지지하는 경험적 증거를 제시하는 데에 성공한 것이다.

'벌컨(Vulcan)' 이란 이름과 관련된 과학사의 에피소드 역시 흥미롭다. '벌컨' 이란 이름이 친근하게 보이는 것은 아마도 '스팍' 이라는 영화 "스타트랙"의 주인공이 벌컨 행성 출신으로 나오기 때문일 것이다. 영화에서 보면, 이 행성 출신들은 감정에 흔들리지 않고 모든 일을 이성적이고 논리적으로 판단한다. 그런 사람은 가상으로만 존재하는 것이 아닐까? 마찬가지로 벌컨 행성은 영화 속에만 존재하는 가상의 행성이다.

흥미로운 사실은 실제 과학사에 '벌컨 행성' 이라는 이름이 나온다는 것이다. 벌컨 행성이 실제로 존재한다고 믿었던 때가 있었다. 1859년에 프랑스의 수학자인 르베리에(Le Verrier, 1811~1877)는 태양과 수성 사이에 미지의 행성이 존재한다는 가설을 세웠고, 그 미지의 행성을 '벌컨' 이라고 이름을 붙였다. 때마침 천문학자 레카보(Edmond Lescarbault, 1814~1894)는 르베리에가 예측한 바로 그 자리에서 벌컨 행성을 찾아냈다고 공표하였다. 그리고 그는 벌컨 행성을 처음 관찰해 낸 공로로 프랑스의 레종도네르 훈장을 받았다. 하지만 벌컨 행성은 결국 존재하지 않는 것으로 밝혀졌다.

당시 다수의 천문학자들은 어떻게 르베리에를 따라 벌컨 행성의 존재를 확신하게 되었는가? 두 가지 이유가 있다. 하나는 르베리에가 유명한 과학자였다는 것이다. 르베리에는 수학만을 사용하여 해왕성의 위치를 성공적으로 예측한 뒤 '펜촉만으로 행성을 발견한 사람'이라는 칭송을 듣던 존경받는 과학자였다. 명망 높은 과학자의 주장이었기에 다수의 과학자들은 그 주장을 믿을 준비가 되어 있었던 것이다. 다른 하나는 르베리에가 벌컨 행성을 예측하는 데에 사용한 방식이 이전에 해왕성을 성공적으로 예측하는 데에 사용한 방식과 동일하다는 것이다. 해왕성 예측에서의 성공으로 인해 다수의 천문학자들은 르베리에가 사용한 벌컨 행성의 예측 방법을 신뢰하게 되었고, 다시 동일한 방법을 사용하여 이끌어 낸 주장에 대해 믿을 준비가 되어 있었던 것이다.

르베리에는 죽을 때까지 벌컨 행성의 존재를 확신했는데, 그가 그렇게 확신할 수 있었던 것 역시 해왕성의 예측에 성공했었기 때문이다. 1781년에 천왕성이 처음 발견된 뒤, 천문학자들은 천왕성보다 더 멀리에 다른 행성이 존재할 경우에만 천왕성의 궤도에 대한 관찰 결과가 뉴턴의 중력법칙에 따라 설명될 수 있다고 생각했다. 즉 천왕성보다 멀리에 있는 미지의 행성이 천왕성의 궤도에 영향을 주는데 그 미지의 행성이 천왕성에 끼치는 영향을 고려하지 못한 채 뉴턴의 중력법칙이 예측한 천왕성의 궤도는 실제 천왕성의 궤도와 다르다는 것이다. 이에 르베리에는 천왕성 궤도에 대해 당시의 관찰 결과에 따른 값과 뉴턴의 중력법칙에 따른 값 사이의 차이를 계산하여 해왕성의 위치를 예측했다. 그 예측을 담은 르베리에의 편지를 받은 그날 밤에, 천문학자 갈레(Johann Galle, 1812-1910)는 베를린 천문대에서 르베리에가 예측한 바로 그 자리에서 해왕성을 관찰했다. 이렇게 해왕성이 발견되자 르베리에는 단숨에 유명 인사가 되었고, 뉴턴의 중력법칙이 참이라는 것 역시 해왕성의 발견에 의해 의심의 여지가 없는 것으로 여겨졌다.

　해왕성의 예측에 성공한 르베리에는 수성의 운동에 대해서도 일찍부터 관심을 가지고 있었다. 르베리에는 수성의 궤도에 대한 당시의 관찰 결과 역시 뉴턴의 중력법칙에 따른 설명과 정확하게 일치하지 않음을 제일 먼저 밝힌 뒤, 1859년에 그 이유를 천왕성-해왕성의 경우와 마찬가지로 미지의 행성이 수성의 궤도에 영향을 끼치기 때문이라고 생각하게 되었다. 즉 그는 수성보다 태양과 더 가까운 거리에 미지의 행성이 존재한다는 가설을 세우고, 바로 그 행성이 수성의 궤도에 영향을 끼친다고 설명했다. 르베리에는 이 미지의 행성에 '벌컨'이라는 이름까지 미리 붙였다. 르베리에의 가설을 전해 들은 천문학자들은 벌컨 행성을 먼저 관찰하고자 열심이었고, 마침 르베리에의 가설에 따라 벌컨 행성을 발견했다고 주장하는 천문학자 레카보가 나타나자 프랑스 정부는 레카보에게 레종도네르 훈장을 수여하며 르베리에의 가설을 공인했다. 하지만 당시에도 벌컨 행성의 관찰 결과 및 존재에 대해 의심하는 천문학자들이 있었다. 뿐만 아니라, 아인슈타인의 상대성이론이 등장한 이후, 수성의 궤도에 대한 관찰 결과, 무엇보다 수성의 근일점 이동, 즉 수성이 태양에 가장 가까워지는 지점의 이동이 뉴턴 역학보다는 상대성이론에 의해서 정확하게 설명된다는 사실이 밝혀지자 벌컨 행성이 존재한다는 가설은 틀린 것으로 판정되었고, 이와 더불어 뉴턴의 중력법칙 역시 참이 아닌 것으로 판정되었다.

1.2 경험적 증거와 과학적 지식

슈빈 교수와 그의 연구팀은 틱타알릭을 직접 보지 못했다. 아주 오래 전의 지층 속에서 발견한 틱타알릭의 화석을 관찰했을 뿐이다. 하지만 슈빈 교수와 그의 연구팀은 틱타알릭 화석을 관찰하여 얻은 경험적 증거를 근거로 새로운 과학적 지식을 확보한다. 즉 틱타알릭이 머리가 납작하고 다리가 네 개 달린 물고기라는 주장, 사지동물의 특징을 지닌 어류가 존재했다는 주장, 사지동물은 어류로부터 진화했다는 주장 등을 과학적 지식으로 성립시킨 것이다. 그것은 틱타알릭 화석을 관찰한 경험적 증거로부터 추론해 낸 결과이다.

르베리에 역시 해왕성이나 벌컨 행성을 직접 보지 못했다. 르베리에는 수학적 계산을 했을 뿐이다. 다른 천문학자가 해왕성을 관찰했고, 또 다른 천문학자가 벌컨 행성을 관찰했다고 보고했다. 해왕성의 존재 및 위치에 관한 르베리에의 주장은 천왕성의 궤도에 대한 당시의 경험적 증거를 넘어서는 것이었지만 과학적 지식으로는 성립할 수 있었다. 벌컨 행성과 관련해서도 벌컨 행성이 태양과 수성 사이에 위치한다는 르베리에의 주장은 당시 경험적 증거에 비춰 과학적 지식으로 성립할 뻔 했다. 벌컨 행성의 존재 및 위치에 관한 르베리에의 주장은 해왕성의 경우와 마찬가지로 경험적 증거를 넘어서는 것이었다. 다만 벌컨 행성에 대한 르베리에의 주장은 거짓으로 판정되어 과학적 지식이 되지 못했다.

과학적 지식으로 성립되려면 자연세계에 관한 참된 주장으로 인정받아야 한다. 거짓으로 밝혀진 주장은 설사 자연세계의 여러 가지 사실들을 설명하거나 예측하는 데에 사용되더라도 더 이상 과학적 지식이 될 수 없다. 과거의 어느 시점에는 그 주장이 과학적 지식이었다고 할 수도 없다. 그것은 그 주장을 과학적 지식으로 착각했던 것에 불과하다. 지구가 우주의 중심이라는 주장의 천동설도 마찬가지이다. 천동설이 고대에 과학적 지식이었다고 말한다면, 그것은 천동설이 과학적 지식의 지위를 누린 역사적 순간이 있었다는 것일 뿐이지 실제로 과학적 지식이었던 순간이 있었다는 의미는 아니다. 천동설이 거짓으로 밝혀진 이상, 천동설은 더 이상 과학적 지식이 아니다. 거짓으로 밝혀진 이상, 천동설이 과학적 지식의 지위를 누린 역사적 시점은 있으나 과학적 지식이었던 적은 한 번도 없는 것이다.

그렇다면 과학적 지식을 얻는 방법, 즉 자연세계에 관한 주장이 참임을 알 수 있는 방법은 무엇인가? 두 가지 방법이 있다. 하나는 직접 경험을 통해 참된 주장임을 확인하는 것이다. 예를 들어 "틱타알릭의 화석은 3억 8,000만 년 전부터 3억 6,500만 년 전 사이의 지층에서 발견된다"는 주장은 3억 8,000만 년 전부터 3억 6,500만 년 전 사이의 지층을 직접 조사해서 사실을 확인할 수 있다. 그리고 "천왕성보다 태양으로부터 더 멀리 떨어진 곳에서 해왕성이 태양을 공전하고 있다"는 주장은 천왕성이 태양을 공전하는 거리 너머에서 해왕성을 직접 탐사해서 사실을 확인할 수 있다. 우리는 그러한 직접 경험을 통해 과학적 지식을 얻을 수 있다.

다른 하나는 경험적 증거의 뒷받침을 받아 참된 주장임을 확인하는 것이다. 예를 들어 "사지동물은 어류로부터 진화했다" 또는 "질량을 가진 모든 두 물체 사이에 작용하는 힘은 두 물체 사이의 거리의 제곱에 반비례한다"와 같은 주장은 직접 경험을 넘어서지만 직접 경험을 통해 얻은 과학적 지식을 경험적 증거로 삼아 참된 주장임을 확인한다. 직접 경험을 넘어서는 과학적 지식의 후보를 가설이라 부르면, 과학적 지식을 얻는 방법은 가설을 세운 뒤에 그 가설이 참된 주장임을 뒷받침하는 경험적 증거를 확보하는 것이다. 과학적 지식은 이렇게 궁극적으로는 직접 경험에 기초하는 경험적 증거에 기초해서 참으로 받아들여진 주장이고, 바로 그와 같은 과학적 지식의 특징을 강조해서 우리는 자연과학을 경험과학이라 부른다.

과학적 지식은 더 포괄적인 의미로 사용되기도 한다. 좁게는 자연세계를 대상으로 삼는 자연과학의 성과물을 가리키지만, 넓게는 인간 사회를 대상으로 삼는 사회과학의 성과물도 과학적 지식이라 부른다. 인간 사회에 관한 참된 주장을 알아내는 방법도 자연과학과 마찬가지로 경험적 증거의 뒷받침을 필요로 한다. 이렇게 구성되는 사회과학적 지식 역시 경험과학의 성과물이다. 논리학과 수학 등의 형식과학은 경험과 독립적으로 개념 간의 관계만을 탐구한다는 점에서 경험과학과 다르다. 수학적인 증명과 같은 것을 증거로 하여 형식과학에서도 가설과 증거에 대해 논할 수 있지만, 이 책에서는 증거를 경험적인 것으로 제한하여 다루고자 한다. 그것은 이 책의 목적이 가설과 증거 둘 사이의 관계 자체를 좀 더 정확하게 이해하는 것이기 때문이다.

1.3 증거와 가설

증거의 뒷받침에 의해 가설의 참을 확인하여 과학적 지식을 얻는다고 할 때, 무엇이 증거이고 무엇이 가설인가? 증거와 가설 사이의 관계는 정확하게 어떤 것인가?

일상적으로 증거는 우리의 감각기관에 의존하는 직접 경험을 통해 확실한 경험적 사실로 인정받은 것을 말한다. 이에 비해 가설은 아직 참으로 받아들일 수 있을지를 확정하지 못한 상태의 주장이고, 그래서 대부분의 경우에 가설은 직접 경험을 넘어서는 것이다. 가설이 꼭 경험을 넘어서는 주장이어야 할 필요는 없다. 예를 들어 틱타알릭의 발가락 사이에는 물갈퀴가 있다는 주장은 틱타알릭을 직접 관찰할 수 있다면 바로 사실 여부를 확인할 수 있다. 하지만 그러한 직접적인 관찰이 가능하지 않고 나아가 다른 경험적 증거에 의해서도 그 주장의 사실 여부를 확정하기 어려운 상태라면 그 주장은 가설에 머무르게 된다. 한편 경험을 넘어서는 주장이더라도 확실한 사실로 인정받는 것이라면 다른 가설을 위한 증거의 역할을 할 수 있다. 이렇게 증거와 가설은 맥락에 따른 상대적 역할에 의해 구분되는 것이지 직접 경험의 내용인지 아닌지에 의해 구분되는 것이 아니다.

　가설이 지식의 후보로써 참된 주장이 되고자 할 때, 증거의 역할은 가설이 참인지를 테스트하는 것이다. 이렇게 가설을 세우고 증거를 찾아 가설이 참임을 테스트하는 작업은 자연과학자만의 일이 아니다. 인문학자와 사회과학자도 가설을 세우고, 가설을 뒷받침하거나 반박하기 위해 경험적 증거를 찾는다. 예를 들어, 언어학자는 모국어 능력과 동일한 수준의 외국어 능력을 습득하기 위해서는 결정적 시기의 학습, 예를 들어 모국어처럼 발음하기 위해서는 발음 학습의 결정적 시기인 3세 이전까지 외국어의 발음 학습이 필요하다는 '결정적 시기 가설'을 세운다. 또 정치학자는 이란이 핵폭탄 제조 기술을 확보했다는 '이란 핵폭탄 가설'을 세운다. 그 다음에 정치학자는 이란에서 발견된 핵폭탄 실험 자료를 증거로 찾아 이란 핵폭탄 가설을 뒷받침하고, 언어학자는 결정적 시기를 지나 외국어를 배우기 시작한 사람 중에도 모국어 능력과 동일한 수준의 외국어 능력을 보이는 경우가 있다는 사례를 증거로 삼아 결정적 시기 가설을 반박한다.

　일상적으로도 가설을 세우고 적절한 증거를 찾아 가설을 뒷받침하거나 반박하는 일은 널리 이루어진다. 가희가 오늘 동창회 모임에 나오지 않은 것은 가희가 나희를 보기 싫어서라는 가설을 세우기도 하고, 아파트 위층의 시끄러운 소리는 위층에서 런닝머신을 샀기 때문이라는 가설을 세우기도 한다. 또 가희가 나희를 아는 체하지 않더라는 증거를 들어 가희의 동창회 불참 이유에 대한 가설을 뒷받침하기도 하고, 아파트 위층의 시끄러운 소리가 반복되지 않는다는 증거를 들어 위층에서 런닝머신을 샀다는 가설을 반박하기도 한다.

증거와 가설 사이의 관계는 이렇듯 널리 분석되고 평가되고 있는 것이고, 그만큼 그 관계에 대해 이해하고 판단하는 것은 쉽고 분명한 것처럼 생각된다. 이미 살펴본 자연과학의 사례에서도 마찬가지이다. 틱타알릭의 발굴은 분명히 어류로부터 사지동물로의 진화가 진행 중임을 뒷받침하는 것으로 보인다. 천왕성 너머에서 공전하는 해왕성을 관측한 것은 분명히 천왕성이 뉴턴 중력법칙에 맞춰 운동한다는 것을 뒷받침하는 것으로 보인다.

하지만 증거와 가설 사이의 관계는 여러 가지 고민거리를 낳는 복잡한 것이기도 하다. 다른 어떤 것보다 명료해 보이는 실제 과학 탐구에서도 증거와 가설을 둘러싼 여러 맥락들은 간단하게 분석될 수 없다. 다수의 경험적 현상들을 아주 잘 설명해 내지만 새로운 현상의 예측에 실패한 가설이 있다면, 그 가설은 비록 적은 수의 경험적 현상들만 설명하지만 놀라운 새로운 현상을 예측하는 데 성공한 가설보다 더 잘 입증된 것인가? 어떤 가설을 뒷받침하는 증거와 반박하는 증거가 모두 존재할 때 그 가설은 입증되었다고 말해야 하는가, 그렇지 않다고 말해야 하는가? 게다가 증거와 가설 사이의 관계를 단순히 뒷받침하는 관계와 반박하는 관계로만 구분하는 것이 올바른지도 궁금하다. 뒷받침하는 정도에는 차이가 있을 것이고 반박하는 정도에도 차이가 있을 것이기 때문이다. 단지 좋은 증거와 나쁜 증거를 구분하는 데에 그치는 것이 아니라 더 좋은 증거와 덜 좋은 증거를 구분하는 것이 자연스럽다. 그러니 뒷받침하는 정도와 반박하는 정도를 측정하고 비교할 수 있어야 증거와 가설 사이의 관계를 이해한다고 말할 수 있을 것 같은데, 그런 판단을 내리는 것이 증거와 가설 사이 각각의 특수한 상황을 고려해야 하는 일이어서 절대로 쉽고 분명할 수 없는 것이다.

뒷받침하는 정도와 반박하는 정도를 측정하고 비교하는 것이 특히 어려운 일인 이유는 일단 증거와 가설 사이가 뒷받침하는 관계인지 반박하는 관계인지조차도 단순히 둘 사이의 관계를 따져서 알 수 있는 일이 아니기 때문이다. 예를 들어 틱타알릭의 화석이라는 증거가 어류가 사지동물로 진화했다는 가설을 뒷받침하는지 또는 반박하는지를 판단하려면, 수많은 배경지식이 필요하다. 어류가 먼저 존재하고 있었고 사지동물이 그 이후에 출현했다는 것을 배경지식으로 알고 있어야 하고, 틱타알릭의 화석이 발견된 지층은 사지동물이 처음 출현하기 바로 전 시기라는 것도 배경지식으로 알고 있어야 한다. 이렇게 다양한 이론과 사실 등의 과학적 지식을 배경지식으로 전제할 경우에만, 틱타알릭의 화석은 어류가 사지동물로 진화했다는 가설을 뒷받침하는 증거가 될 수 있다.

배경지식만이 아니다. 경쟁가설도 고려해야 한다. 특히 증거가 가설을 뒷받침하는 증거인지 반박하는 증거인지를 구분하는 문제를 넘어서서 증거가 가설을 뒷받침하는 정도와 반박하는 정도를 측정하고 비교하기 위해서는 증거와 문제의 가설 사이의 관계만이 아니라 증거와 경쟁가설 사이의 관계에 대해서도 따져 봐야 한다. 이를 위해 일단 문제의 가설과 경쟁가설이 제시된 증거를 얼마나 그럴듯하게 설명할 수 있는지 서로의 설명력을 비교해야 하고, 문제의 가설과 경쟁가설이 기존의 과학적 지식과 얼마나 잘 들어맞으며 일관적인지 서로의 통일성을 비교해야 한다. 또 궁극적으로는 자연세계의 작동 방식에 대해 얼마나 많은 정보를 제시하고 있는지를 묻는 정보력, 가설이 얼마나 분명하고 간결하게 제시될 수 있는지를 묻는 단순성, 가설이 참신한 예측을 도출하는지를 묻는 예측 능력 등과 같은 좋은 가설의 특성 즉 과학 이론의 덕목을 두고 문제의 가설과 경쟁가설을 비교하고 평가해야 한다.

상대적으로 명쾌한 답이 있으리라 생각되는 자연과학에서조차도 가설과 증거의 관계를 분석하는 것이 이렇게 복잡하니 인문학과 사회과학 그리고 일상적인 경우 등에서도 가설과 증거 사이의 관계를 분석하고 이해하는 것이 간단한 일이 아니라는 것은 분명하다.

1.4 입증과 논증

가설과 증거 사이의 뒷받침 관계에 대한 이론을 과학철학에서는 '입증 이론'이라고 부른다. 증거가 가설을 입증한다는 것은 가설이 참이라는 것을 증거가 완벽하게 증명하지는 않지만 잘 뒷받침한다는 의미인데, 여기서 '입증'은 'confirmation'을 번역한 것이고 종종 '확증'으로 번역되기도 한다. 입증과 정반대되는 개념은 '반입증(disconfirmation)' 이다. 증거가 가설을 반입증한다는 것은 가설이 틀렸음을 증거가 완벽하게 증명하지는 못하지만 뒷받침한다는 의미이다. 이런 점을 생각해 볼 때, "증거 E가 가설 H를 입증한다"는 다음과 같이 다양하게 표현될 수 있다.

E는 H가 참임을 뒷받침한다.
E는 H가 참일 가능성을 높인다.
E는 H가 거짓일 가능성을 낮춘다.

이와 비슷하게 "증거 E가 가설 H를 반입증한다"는 다음과 같은 의미라고 말할 수 있다.

E는 H가 거짓임을 뒷받침한다.
E는 H가 거짓일 가능성을 높인다.
E는 H가 참일 가능성을 낮춘다.

증거 E와 가설 H처럼 영어 알파벳의 대문자는 이 책에서 참 또는 거짓을 판단할 수 있는 문장, 혹은 명제, 혹은 진술을 나타낸다. 아래 글에서 등장하는 가설들은 모두 명제/문장/진술이며, 증거 역시 문장/명제/진술이다. 우리는 문맥의 자연스러움을 고려하여 가설 문장/명제/진술, 증거 문장/명제/진술 등의 표현을 사용할 것이다. 사실 뒤에서 입증 문제를 다루는 데 있어, 명제, 문장, 진술 사이의 구분은 별로 중요하지 않다.

물론, 증거와 가설 사이의 관계에는 입증과 반입증만 있는 것이 아니다. 어떤 증거는 특정 가설과 아무런 상관이 없을 수도 있다. 즉 증거는 가설에 중립적일 수 있다. 다르게 말해, 증거와 가설 사이에는 다음 관계가 성립할 수 있다.

E는 H가 참임을 뒷받침하지도, 거짓임을 뒷받침하지도 않는다.
E는 H가 참일 가능성도, 거짓일 가능성도 높이지 않는다.
E는 H가 참일 가능성도, 거짓일 가능성도 낮추지 않는다.

이렇듯 증거와 가설 사이에는 입증, 반입증, 중립 관계가 성립한다.

입증 및 반입증 개념은 논리 실증주의를 중심으로 하는 전통적인 과학철학에서 과학방법론을 다루면서 제기된 '검증(verification)' 및 '반증(falsification)' 개념과 비교해 보면 그 의미를 좀 더 쉽게 이해할 수 있다. '검증'은 입증의 극단적인 의미, 즉 가설을 완벽하게 증명한다는 의미를 지니고 있으며, 다음과 같이 표현될 수 있다.

E는 H를 최대로 입증한다.
E는 H를 확정적으로 입증한다.
E는 H가 참임을 확인한다.

이와 비슷하게 반증은 가설이 틀렸음을 완벽하게 증명한다는 의미를 지니는 것으로 다음과 같이 표현되곤 한다.

E는 H를 최대로 반입증한다.
E는 H를 확정적으로 반입증한다.
E는 H가 거짓임을 확인한다.

여기에서 '확정적으로'라는 말은 참 혹은 거짓일 가능성이 다른 추가 증거에 의해서 더 높아지거나 더 낮아지지 않는다는 말이다. 가령, 호주에서 검은 백조가 발견된 경우를 생각해 보자. 분명 이 증거는 '모든 백조는 흰색'이라는 가설을 반입증한다. 뿐만 아니라 추가로 어떤 증거가 발견되더라도 그 가설이 참일 가능성이 더 높아지지 않고 거짓일 가능성이 더 낮아지지 않는다. 즉 호주에서 발견된 검은 백조에 의해서 모든 백조가 흰색이라는 가설이 틀렸다는 것은 최종적으로 확인된 것이다.

　입증에 대한 보다 상세한 분석은 2장부터 차차 하기로 하고, 그에 앞

〈상자 1-1〉 논리 실증주의

20세기 초반 슐리크, 카르납, 노이라트 등 빈 학파에 의해 발전된 논리 실증주의는 무의미한 주장을 펼치는 당시의 형이상학을 반대하며 나타났다. 논리 실증주의자들은 초기에 증거와 가설 사이의 확정적 입증 관계 즉 '검증' 개념을 기초로 한 검증가능성 기준에 따라 당시 형이상학이 무의미한 주장을 펼친다고 주장하였다. 그들은 수학, 논리학의 형식적 진술과 경험과학의 경험적 진술만을 유의미한 진술로 보고, 당시 형이상학은 참 또는 거짓을 판단할 수 없는 무의미한 언설로 구성된 것이라고 비판했다. 하지만 대략 1930년대 들어서서 논리 실증주의자들은 테스트 가능성 기준을 사용하며 '검증' 개념 대신 '입증' 개념을 사용한다. 이와 더불어 논리 실증주의는 '논리 경험주의'로 전환하기 시작하였다. 나치를 피해서 미국으로 건너간 카르납, 라이헨바흐, 헴펠 등이 발전시킨 논리 경험주의에서는 유의미성 기준보다는 언어와 과학의 논리적 분석에 초점을 맞추게 된다.

서 입증 개념을 논리학의 논증 및 추론 개념에 비추어 간략히 살펴보기로 하자.

논리학에서 논증 및 추론은 첫째, 명제들의 집합이고, 둘째, 그 명제들 중의 하나가 결론이 되고 나머지가 전제가 되며, 셋째, 전제는 결론을 참이라고 뒷받침하려는 의도로 제시된 것 또는 결론을 추론의 결과로 이끌어 내기 위한 의도로 제시된 것이다. 논증은 결론이 참임을 전제를 통해 정당화하려는 작업이고, 추론은 전제로부터 결론을 이끌어내려는 작업이지만, 논증과 추론의 구조는 근본적으로 같다.

입증 개념을 논증 및 추론 개념에 비추어 보는 이유는 논증 및 추론에서의 전제와 결론 사이의 관계가 입증에서의 증거와 가설 사이의 관계와 본질적으로 다르지 않기 때문이다. 형식적으로 전제와 결론 사이의 관계는 증거와 가설 사이의 관계와 마찬가지이다. 하지만 증거는 경험적인 내용을 지닌 것이고, 가설은 자연세계에 관한 주장으로 제한된다는 점에서 입증은, 그러한 제한을 지니지 않는 논증 및 추론과 내용상의 차이가 있다. 그리고 그 내용상의 차이는 입증 이론을 논리학이 아니라 과학철학의 연구 주제로 다룰 이유가 된다.

1.5 입증과 예측

입증의 의미를 대략 소개했지만, 가설이 참일 가능성을 높이는 증거라는 것이 어떤 종류여야 하는지, 그리고 그런 증거는 가설과 어떤 특별한 종류의 관계를 지녀야 하는 것인지에 대해 생각해 보면, 입증이 무엇인지 정확하게 규명하는 일이 그리 간단치 않다는 것을 예상할 수 있다. 증거와 가설 사이의 관계에 대해서 우리는 몇몇 상식적인 생각들을 가지고 있다. 이런 상식적인 생각들은 흔히 직관이라고 불린다. 하지만 문제는 그런 직관들이 서로 긴밀하게 연결되어 있고, 심지어 어떤 경우에는 서로 충돌하는 것처럼 보인다는 것이다. 예를 들어, 우리는 증거가 다양하면 다양할수록, 많으면 많을수록, 또 이전에는 생각하지 못한 새롭고 놀라운 것일수록 가설을 더 잘 뒷받침한다고 생각하곤 한다. 하지만 하나의 가설이 많은 증거에 의해 뒷받침되고 있는 반면 그 가설과 경쟁하는 다른 가설이 비록 그 수는 많지 않지만 새롭고 놀라운 증거에 의해 뒷받침된다면, 두 가설 중에 어떤 것이 더 잘 입증된 것인지를 판단하기가 쉽지 않다.

　서로 상충하는 예측을 내놓는 경쟁하는 가설들이 있을 때, 증거만을 고려해서 무엇이 더 입증되었는지 판단하는 문제도 역시 쉽지 않다. 기본적으로 이 문제는 주어진 증거들에 대해서는 일치하지만 아직 주어지지 않은 증거들, 혹은 아직 주어지지 않은 현상들의 예측에 대해서는 불일치하는 가설들이 여럿일 수 있다는 사실에 기인한다. 다음과 같은 극단적인 상황을 생각해 보자. 지난 99일간의 날씨에 대해 갑수는 가설 H_1에 따라 매번 그 다음 날에 비가 올지 안 올지에 대해 예측한 바 있고, 그러한 갑수의 예측은 매번 성공적이었다. 갑수가 예측에 성공한 99번의 사례들을 증거 E라고 부르자. 그럼 증거 E는 가설 H_1을 입증하는 증거가 될 것이다. 이제 갑수는 H_1에 따라 다시 내일 비가 온다고 예측한다. 갑수와 달리 병호는 내일 비가 오지 않는다고 예측한다. 병호의 예측은 가설 H_2에 따른 것이다. 흥미롭게도 이 가설은 지난 99일의 날씨가 관찰된 이후에 만들어졌다. 따라서 이 가설은 아직 어떤 예측도 한 적이 없고, 이에 당연히 예측에 성공한 적이 없다. 그러나 가설 H_2는 갑수가 예측에 성공한 지난 99일 동안의 일기 변화, 즉 증거 E에 대해 H_1보다 명쾌하고 그럴듯한 설명을 제시한다. 즉 가설 H_2는 지난 99일의 날씨 증거에 대해 특별한 설명력을 지닌다. 물론 이런 H_2의 설명은 사후정당화처럼 보일 수 있다. 하지만 그렇다고 하더라고 H_2의 설명을 마냥 끼워 맞추기 식의 사후정당화로만 볼 수는 없다. 확보한 증거 전체에 대해 일관된 설명을 만들어 내는 것도 실제 과학 현장에서는 그리 쉬운 일이 아니라는 점을 생각해 보면 더욱 그렇다.

이런 상황에서 증거 E가 갑수의 가설 H_1과 병호의 가설 H_2를 비교할 수 있는 경험적 증거의 전부라면, 두 가설은 증거 E에 의해 똑같이 입증된다는 점에 주목하자. 증거 E가 경험적 증거의 전부라면, 경험적 증거에 의한 뒷받침이라는 측면만 볼 때, H_1과 H_2 중에서 무엇이 더 입증되었는지, 더 나아가 갑수의 예측과 병호의 예측 중에서 어느 예측

〈상자 1-2〉 예측주의 대 설명주의

갑수와 병호의 사례와 관련된 철학 이론으로는 '예측주의'와 '설명주의'가 있다. 예측주의는 해당 증거에 의해서 갑수의 이론이 병호의 이론보다 더 잘 입증된다고 주장하는 입장이며, 설명주의는 병호의 이론이 갑수의 이론보다 더 잘 입증된다고 주장하는 입장이다. 이두 이론을 보다 정확히 표현하자면 다음과 같다.

- 예측주의: 가설은 증거를 설명한다는 점보다 증거를 성공적으로 예측했다는 점에 의해서 더 많이 입증된다.
- 설명주의: 가설은 증거와 잘 부합한다는 점보다 증거를 성공적으로 설명한다는 점에 의해서 더 많이 입증된다.

이 참일 가능성이 더 클지는 판단하기 어렵다.

물론 H_1처럼 예측에 성공해 왔다는 사실이 H_2처럼 사후정당화에 불과한 듯 보이는 설명력보다 특별한 힘을 지닌다는 생각은 직관적이다. 그렇다면 가설 H_1이 참일 가능성이 더 높다고 말해야 할 것이다. 그러나 명쾌한 설명력 역시 성공적인 예측만큼 충분히 좋은 증거의 역할을 한다는 생각도 직관적이다. 그렇다면 갑수의 예측과 병호의 예측 둘 중 어느 예측이 참일 가능성이 더 클지는 여전히 판단하기 어렵다. 이렇게 증거와 가설 사이에 상충하는 듯이 얽혀 있는 여러 가지 직관들을 분석하고 풀어 가는 것은 좋은 입증 이론이 갖춰야 할 필요조건이라 할 수 있다.

이 책에서는 대표적인 입증 이론으로 세 가지를 소개한다. 하나는 입증 이론의 배경이 되는 가설연역법의 입증 이론이고, 다른 하나는 현대 입증 이론의 출발점이 되는 헴펠의 이론이며, 마지막 하나는 다양한 학문 분야에서 사용되며 지금 각광받고 있는 베이즈주의 입증 이론이다.

가설연역법의 입증 이론은 검증 및 반증 개념과 함께 과학방법론 논의에서 입증 이론이 나올 수 있었던 배경을 제시한다. 헴펠은 증거와 가설 사이의 관계에 대한 정성적(qualitative) 혹은 질적 분석을 제시한다. 즉 그는 증거가 가설을 입증하는 관계, 반입증하는 관계 그리고 서로 무관한 관계로 구분하고 입증의 조건을 엄밀한 연역 논리적으로 분석하는 작업이 선행되어야 한다는 입장을 취했다. 그리고 나서야 입증의 정량적(quantitative) 혹은 양적 문제, 즉 입증하는 정도를 수치로 나타내는 문제를 다뤄야 한다고 생각했다. 이와 달리 베이즈주의자들은 증거가 가설을 입증하는 정도를 수치로 나타내는 정량적 분석 작업이 이뤄지면 입증의 정성적 문제가 저절로 해결될 수 있기에 입증의 정량적 문제를 직접 다루고자 했다. 우리는 앞으로 이 세 입증 이론을 차례로 살펴본 다음, 끝에 가서 현대 입증 이론의 현안 및 발전 방향에 대해 전망해 보는 순서로 논의를 진행하기로 하겠다.

2

가설연역법의 입증 이론

2.1 과학적 방법

초등학교의 과학 교과서에서부터 대학의 생명과학개론 교과서에 이르기까지 여러 과학 교재들은 과학적 방법을 소개하고 있다. 과학자들이 따르고 있는, 또는 따라야 할 특별한 방법으로 제시되는 과학적 방법은 자연과학의 교재 이외에도 경제학개론과 심리학개론 등 과학적 탐구 방법을 중시하는 사회과학의 교재에서도 많이 소개되고 있다. 최근에 일부 과학철학자들은 과학이 너무나 창의적이고 예측불가하다는 점을 들어 과학적 방법에 대해 논하기를 조심스러워하기도 하지만, 대부분의 학자들과 지식인들은 여전히 과학의 특징을 말하고자 할 때 과학적 방법을 제시하곤 한다.

이때 과학적 방법은 대체로 다음과 같은 탐구 절차로 소개된다. 과학자들은 흥미로운 관찰을 출발점으로 삼아, 그러한 관찰 사실을 설명해 낼 수 있는 가설을 수립하고, 그 가설로부터 예측을 도출한 후, 실험을 통해 그 예측이 맞는지를 따져 보는 테스트를 한다. 테스트 결과, 그 예측이 맞는 것으로 평가될 경우 그 가설은 테스트를 통과한 것으로 평가하고 과학자들은 그 가설을 잠정적 참으로 받아들이지만, 그 예측이 맞지 않는 것으로 평가될 경우 그 가설은 테스트를 통과하지 못한 것으로 평가하고 과학자들은 그 가설을 버린다. 가설이 테스트를 통과하지 못한 경우에 과학자들은 새로운 가설로 다시 테스트 과정을 거칠 수 있도록 가설 수립 단계로 되돌아간다. 이렇게 과학적 방법은 일반적으로 1)관찰 2)가설 수립 3)테스트 4)평가 및 판단 등의 절차에 따라 과학적 탐구를 수행하고 또 수행해야 하는 것이라고 한다.

과학적 방법에서 제시하는 탐구 절차는 크게 두 부분으로 구분할 수 있다. 하나는 가설의 도입 부분이고 다른 하나는 가설의 평가 부분이다. 관찰 및 가설 수립 단계를 총칭하는 가설의 도입 부분에 대해서는 귀납의 방법에 의해 가설이 수립된다는 견해가 고전적이다. 하지만 그 귀납의 방법이 출발점으로 삼는 중립적인 관찰이 가능한지는 의심스럽다. 또 그렇게 출발점으로 삼을 수 있는 관찰이 있다고 해도 그 수가 충분하지 못해서 일반화라는 귀납의 방법을 사용할 수 없는 경우가 있는데, 이런 경우에 가설을 수립하기 위해 사용하는 귀납의 방법이 무엇인지는 불분명하다. 이에 논리 실증주의를 중심으로 하는 전통적인 과학철학에서는 가설의 도입 부분을 '발견의 맥락'이라고 하여 과학철학의 논의 대상에서 배제하고자 했다. 가설이 어떻게 도입되는지에 대해서는 논리적 분석이 가능하지 않다고 생각했기 때문이다.

가설의 도입 부분을 논의의 영역에서 배제한 뒤, 전통적인 과학철학에서는 가설의 테스트와 평가 및 판단 단계를 총칭하는 가설의 평가 부분을 '정당화의 맥락'이라 부르며 과학적 방법의 핵심 문제로 다뤘다. 가설이 일단 제시되고 나면 어떻게 테스트 과정을 거치고 평가받는지에 대해 분석하는 것이야말로 과학적 방법의 가장 중요한 문제이고, 과학철학이 핵심적으로 논의해야 할 부분이라는 것이다.

가설의 평가 부분에 대한 가장 직관적인 이론이 가설연역법이다. 이 이론의 핵심은 그 이름에서 드러나듯이 가설로부터 연역적으로 도출된 예측을 실제 관찰이나 실험과 비교하여 테스트를 하는 것이다. 즉 예측은 가설로부터 연역적으로 도출되고, 그렇게 도출된 예측이 실제 실험과 관찰을 통해 참으로 밝혀지면 그 가설이 옳을 수 있지만 거짓으로 밝혀지면 그 가설은 옳을 수 없다는 것이다. 가설연역법은 이렇게 가설로부터 어떤 예측이 연역적으로 도출되는지를 논리적으로 밝혀내는 부분과 그렇게 도출된 예측이 실제 참인지 거짓인지를 경험적으로 따져 보는 부분으로 이뤄진다. 종종 '가설연역법'이라는 이름 때문에 가설로부터 연역적 방법에 의해 예측을 도출하는 것이 가설연역법의 전부로 오해하는 경우가 있는데, 그것은 옳지 않다. 마찬가지로 가설연역법을 연역적 방법으로 이해하는 것도 적절하지 않다. 도출된 예측이 참인지 거짓인지를 따져 보기 위해 관찰과 실험을 기획하고 그 결과에 따라 가설을 평가하는 과정 또한 가설연역법의 핵심적인 부분이기 때문이다. 과학적 방법으로서의 가설연역법을 조금 더 살펴본 뒤에 가설연역법의 입증 이론을 검토하기로 한다.

〈상자 2-1〉 교과서 속 과학적 방법

실제 대학 생명과학 교과서, 『생명과학: 이론과 현상의 이해(제4판)』(캠벨 외 3인 지음, 김명원 외 6인 옮김)의 3페이지는 과학의 방법, 특히 가설연역법을 다음 설명과 그림을 통해서 제시하고 있다.

과학적 사실을 발견하고 관찰하면 의문이 생기고 그 의문을 풀려고 하는 강한 의욕이 생기게 된다. 그러한 의문점을 해결하기 위해서 '과학적 방법'을 사용한다. 과학적 방법은 단계적으로 이루어지며 대부분 현대과학에서 이용되는 방법은 가설-연역적 추리(hypothe-sis-deductive reasoning), 혹은 단순히 가설-유도과학(hypothesis-driven science)이라고 한다. 가설은 어떠한 질문을 기초 지식에 근거하여 답한 것이라고 할 수 있다. … 연역적 추론은 가설을 검증할 연역적 논리를 이용한다. … 전제한 사실에서 기대될 수 있는 특정 결과를 추론하여 얻어 낸다. 만약 모든 유기체가 세포로 되어 있다면 (전제 I), 또 사람이 유기체라면(전제 II), 사람은 세포로 이루어져 있다는 추론(연역적 추론)이 가능하다. 이 연역적 추론은 사람의 조직을 현미경으로 관찰함으로써 검증할 수 있다.

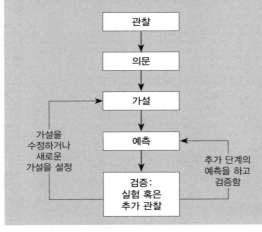

2.2 가설연역법

가설연역법에서 사용하는 '가설'이란 말에 대해 조금 더 살펴보자. 1장에서 가설은 지식의 후보로서 아직 참으로 받아들일 수 있을지를 확정하지 못한 상태의 주장이라고 했다. 그것은 가설의 내용에 대한 것이다. 이제 가설의 형식을 생각해 보자. "모든 까마귀는 검다" 또는 "모든 행성은 태양을 중심으로 타원 운동을 한다"에서처럼 가설은 대개 "모든 A는 B이다"의 형식으로 제시된다. 1장에서 살펴본 가설 "사지동물은 어류로부터 진화했다" 역시 엄밀하게 표현하면 "모든 사지동물은 어류로부터 진화한 것이다"가 된다. 후자처럼 표현함으로써 모든 사지동물이 논의의 대상이라는 것이 더 명확하게 드러난다.

이제 주목할 점은 "모든 A는 B이다"가 "만일 무엇인가가 A이면 그것은 B이다"와 논리적으로 동치라는 것이다. 논리적 동치는 명제들 간의 관계로서 한 명제가 참이면 다른 명제도 언제나 참이고 한 명제가 거짓이면 다른 명제도 언제나 거짓인 관계이다. 따라서 "모든 A는 B이다"와 "만일 무엇인가가 A이면 그것은 B이다"는 표현 형식이 서로 다르지만 참과 거짓을 판단하는 데에 있어서는 동일한 의미인 것이다(보다 정확한 논리적 의미에 대해서는 3장의 〈상자 3-1〉과 〈상자 3-2〉를 참조하라). 결국 1장에서 살펴본 가설 "사지동물이 어류로부터 진화했다"는 "모든 사지동물은 어류로부터 진화한 것이다" 그리고 나아가 "만일 무엇인가가 사지동물이라면 그것은 어류로부터 진화한 것이다"와 모두 동일한 의미인 것이다. 논리학에서는 "만일 무엇인가가 A이면 그것은 B이다" 형식의 명제를 '조건문'이라고 부르고, 이때 A를 전건, B를 후건이라 부른다. 따라서 "모든 A는 B이다"의 형식으로 제시되는 가설은 아무런 의미 변화 없이 "만일 무엇인가가 A이면 그것은 B이다" 형식의 조건문으로 제시할 수 있는 것이다.

가설연역법에서 사용하는 가설이 조건문 형식의 명제로 제시될 수 있다는 점에 주목하는 이유는 조건문이 논리학의 타당한 추론 규칙인 전건긍정법(Modus Ponens)의 출발점이기 때문이다. 전건긍정법은 다음과 같은 형식을 취한다.

전건긍정법 (Modus Ponens)

형식	사례
만일 A이면 B이다.	만일 비가 오면 땅이 젖는다.
A이다	비가 온다.
따라서 B이다.	따라서 땅이 젖는다.

추론 규칙이 타당하다는 것은 추론 규칙의 전제들이 참이라면 결론이 반드시 참이 된다는 것이다. 다시 말하면 추론 규칙의 전제들이 참인데 그 추론의 결론이 거짓인 경우는 있을 수 없다는 의미이다. 물론 타당한 추론 규칙에 따른다고 해서 곧 그러한 추론의 결론이 반드시 참이라고 주장할 수 있는 것은 아니다. 타당한 추론 규칙을 따른다고 해도 그러한 추론의 전제들이 반드시 참이라고 단정할 수 없기 때문이다. 어떤 추론의 전제들이 참이라고 가정했을 경우에, 그 추론이 타당한 추론 규칙에 따르는 것이라면 그 추론의 결론은 거짓일 수 없다는 것이다. 전제와 결론 사이의 그런 특별한 관계, 즉 전제가 참이라고 하는 것은 결론이 참이라고 하는 것을 확실하게 뒷받침하는 관계를 제시하는 것이 논리학의 타당한 추론 규칙이고, 전건긍정법은 바로 그런 추론 규칙 중 하나이다.

이제 조건문의 형식으로 제시되는 것이 자연스러운 과학적 가설을 예로 들어 논리학의 타당한 추론 규칙인 전건긍정법에 따르는 가설연역법의 특성을 살펴보자.

가설 1:   만일 토리첼리의 기압계를 높은 곳으로 옮기면 수은주의 높이는 줄어들 것이다.

가설 2: 만일 지구와 달과 태양이 일직선상에 놓이면 태양의 전부 또는 일부가 가려지는 일식 현상이 발생할 것이다.

가설연역법은 가설과 초기조건을 전제로 삼아 예측을 결론으로 이끌어 내는 추론 형식을 취한다. 이제 가설연역법을 사용하면, 위의 두 가설 로부터 다음과 같은 방식으로 예측들을 도출할 수 있다.

〈예측 1〉

가설 (1): 만일 토리첼리의 기압계를 높은 곳으로 옮기면 수은 주의 높이는 줄어들 것이다.

초기조건 (1): 토리첼리의 기압계를 산꼭대기의 높은 곳으로 옮겼다.

예측 (1): 수은주의 높이는 줄어들 것이다.

〈예측 2〉

가설 (2): 만일 지구와 달과 태양이 일직선상에 놓이면 태양의 전 부 또는 일부가 가려지는 일식 현상이 발생할 것이다.

초기조건 (2): 지구와 달과 태양이 일직선상에 놓였다.

예측 (2): 태양의 전부 또는 일부가 가려지는 일식 현상이 발생 할 것이다.

가설 (1)이 참이라고 하고, 가설 (1)의 전건에 해당하는 초기조건 (1)이 충족되어 참이라고 하자. 즉 토리첼리의 기압계를 높은 곳으로 옮겼다고 하자. 그럼 전건긍정법에 따라 수은주의 높이가 줄어들 것 을 예측할 수 있다. 또 가설 (2)가 참이라고 하고, 가설 (2)의 전건에

〈상자 2-2〉 포퍼의 반증주의

'검증'이나 '반증'은 각기 '입증'과 '반입증'의 극단적인 경우이다. 어떤 관찰 진술 E가 가설 H를 함축(entail)하는 경우 그리고 오직 그 경우에만 전자는 후자를 '확정적으로 입증'하게 되는데, 이 경우 전자는 후자를 '검증'한다고 말한다. 반면, E와 H가 양립불가능한 경우, 즉 E가 H의 부정을 함축하는 경우 그리고 오직 그 경우에만 E는 H를 '확정적으로 반입증'하게 되는데, 이때 전자는 후자를 '반증'한다고 말한다.

포퍼는 유한한 증거로 보편 가설을 입증하기는 쉽지 않으나 반증하는 일은 후건부정법(Modus Tollens)에 의해 연역 논리적으로 가능함에 착안하여 증거와 가설 사이의 '반증' 관계를 강조하는 반증주의(falsificationism)를 제안한다. 여기서 후건부정법은 다음과 같은 형식을 취한다.

후건부정법 (Modus Tollens)

형식	사례
만일 A이면 B이다.	만일 비가 오면 땅이 젖는다.
B가 아니다	땅이 젖지 않았다.
따라서 A가 아니다.	따라서 비가 오지 않았다.

물론 반증 가능성에도 불구하고 계속 반증되지 않고 남아 있는 가설이 있을 수 있다. 그러한 가설을 가리켜 포퍼는 '용인되었다(corroborated)'고 말한다. 그러한 가설은 다양한 반증 시도에도 불구하고 여전히 잘못이 발견되지 않았다는 것이다.

2. 가설연역법의 입증 이론 **35**

해당하는 초기조건 (2)가 충족되어 역시 참이라고 하자. 즉 지구와 달과 태양이 일직선상에 놓였다고 하자. 그럼 전건긍정법에 따라 태양의 전부 또는 일부가 가려지는 일식 현상이 발생한다는 것을 예측할 수 있다.

예측들이 테스트의 대상인 가설로부터 연역적으로 도출되기 위해서는 가설의 전건에 해당하는 초기조건이 충족되어야 한다. 여기서 초기조건은 토리첼리의 기압계를 산기슭에서 산꼭대기로 옮기는 것처럼 구체적인 실험 과정에서 통제할 수 있는 요인일 수도 있고, 지구와 달과 태양이 일직선상에 놓이기를 그냥 기다려야 하는 것처럼 실험적 조작과 통제가 불가능한 경우일 수도 있다. 어떤 경우이든 초기조건이 충족되는 것은 가설을 테스트하기 위한 전제 중 하나이다. 가설이 참이고 초기조건이 충족되고 나면, 가설의 후건, 즉 예측이 가설 및 초기조건으로 구성되는 전제들로부터 연역적으로 도출된다. 이 점이 가설연역법의 연역적인 특성이다.

가설로부터 예측을 논리적으로 도출한 이후에 그 예측이 실제 참인지 거짓인지를 실험과 관찰을 통해 경험적으로 따져 보며 가설을 평가한다는 점은 가설연역법의 또 다른 중요한 특성이다. 바로 이 특성 때문에 가설연역법은 단순한 연역적 방법이 아닐 수 있다. 그것은 도출된 예측이 참인 것으로 밝혀진다고 해서 그 가설이 반드시 참인 것은 아니기 때문이다. 도출된 예측이 참이라는 것은 가설이 테스트를 통과했다는 의미이며 가설이 참일 가능성이 더 커졌다는 의미이다. 그렇지만 그렇다고 해서 가설이 참인 것으로 확인되었다는 의미는 아니다. 즉 가설이 검증되었다는 의미는 아니다.

게다가 도출된 예측이 거짓인 것으로 밝혀진다고 해서 당장 가설이 거짓이라고 추론할 수도 없다는 것이 가설연역법이 말하는 바이다. 논

〈상자 2-3〉 과학방법론과 입증 이론

우리는 이 글에서 '가설연역법'과 '가설연역법의 입증 이론'을 구분하였다. 이런 구분은 '과학방법론'과 '입증 이론'을 구분하려는 의도에서 비롯되었다. 과학방법론은 입증 이론과 조금 다르다. 입증 이론이 다소 논리학적인 개념이라면, 과학방법론은 다소 인식론적이고 실천적인 개념이라고 말할 수도 있다. 예를 들어 보자. 중력파의 검출은 블랙홀의 존재를 입증한다. 이런 입증 관계는 중력파의 검출이 실제 일어나지 않더라도 참인 듯이 보인다. 그럼, 중력파를 검출하려는 여러 시도를 했음에도 중력파를 나타내는 신호가 검출되지 않은 상황을 생각해 보자. 이 경우, 이 실험은 블랙홀의 존재를 반입증하는가? 분명, 중력파가 검출되지 않는다는 것은 블랙홀의 존재를 반입증하는 듯이 보인다. 이는 중력파의 검출과 블랙홀의 존재 사이의 논리적인 관계로부터 도출된다. 하지만 실제 현장에서 연구하는 과학자들은 이런 논리적인 관계로부터 곧바로 "블랙홀이 존재하지 않는다"고 결론 내리지 않는다. 과학자들은 중력파를 검출하는 기계가 잘못되지 않았는지, 검출기에 잡힌 신호를 제대로 해석해 내었는지 등을 살펴볼 것이다. 그들은 중력파와 블랙홀에 대한 우리의 지식과 관련된 여러 다른 특징과 가능성들을 고려해, 블랙홀 존재 여부를 판단할 것이다. 입증 이론이 이런 과학자들의 최종 판단에 있어 필요한 모든 실천적인 지침을 제공하는 것은 아니다. 그런 실천적인 지침들은 대부분 과학방법론에 포함된 여러 다른 요소들에 의해서 결정된다. 가령, 가설이 얼마나 단순한지, 얼마나 광범위한 현상들을 설명해 내는지, 얼마나 수학적으로 정합적인지 등등이 과학자들의 실제 과학 연구에 영향을 주는 방법론적 요소들이다. 물론, 완고한 입증 이론가들은 이런 방법론적 요소들도 모두 가설과 증거 사이의 관계로 바꾸어 설명할 수 있다고 말할지도 모른다. 비록 흥미롭기는 하지만, 이런 주장은 무척 논쟁적이며, 이 글의 목적에서도 벗어난다.

리적으로 보면, 도출된 예측이 거짓일 때 분명하게 추론할 수 있는 것은 가설 또는 초기조건 중에 최소한 하나가 거짓이라는 것뿐이다. 물론 초기조건이 충족되었다거나 도출된 예측이 거짓이라는 것은 경험적으로 확인할 수 있는 부분이고, 그렇게 경험적으로 확인할 수 있는 내용은 대체적으로 확실하다고 판단하기 때문에 결국 가설이 거짓이라고 추론할 수 있다. 이후에 과학철학자 칼 포퍼(Karl Popper, 1902-1994)는 바로 이 연역 논리적인 추론 관계, 즉 도출된 예측의 거짓으로부터 가설이 반증된다는 식의 추론 관계를 과학적 방법의 전부라고 강조하며 '반증주의'의 과학방법론을 제시하기도 한다. 그러나 가설연역법은 도출된 예측이 거짓인 것으로 밝혀지면 가설이 거짓일 가능성이 높다고 추론할 뿐 가설이 거짓이라고 단정 짓지 않는다. 이러한 특성 역시 가설연역법이 단순한 연역적 방법이 아님을 드러낸다.

이러한 특성은 가설연역법이 단지 가설과 초기조건만이 아니라 보조가설까지 추가해서 함께 예측을 도출하는 것이라고 하는 복잡한 구조에서 좀 더 명확하게 드러난다. 앞에서 예측은 가설과 초기조건으로부터 도출되고, 초기조건은 경험으로 확인할 수 있는 것이기에 예측이 거짓으로 밝혀지면 바로 가설을 거짓인 것으로 추론할 수 있는 것처럼 단순하게 생각했다. 하지만 좀 더 자세하게 분석해 보면, 예측의 도출 과정에는 가설과 초기조건만이 사용되는 것이 아니라 보조가설과 같은 여러 배경지식이 전제되어 있다. 보조가설 등의 배경지식은 예측을 도출하거나 도출된 예측이 맞는지를 확인하는 과학적 탐구 과정에서 가설이 제 역할을 할 수 있도록 도와주는 역할을 한다. 그럼 예측은 최소한 가설과 초기조건 그리고 보조가설로부터 도출되는 것이기 때문에, 초기조건을 배재한다 해도 예측이 거짓으로 밝혀졌을 때 그 잘못이 가설 때문인지 보조가설 때문인지가 불분명하게 된다. 이러한 불분명함 때문에, 도출된 예측이 거짓인 것으로 밝혀질 때마다 보조가설을 계속해서 희생양으로 삼을 수도 있다. 즉 보조가설이 잘못된 것이어서 잘못된 예측을 한 것이지 가설 자체가 틀린 것은 아니라고 정당화하는 것이 언제나 가능하다.

이제 가설연역법은 가설과 초기조건 그리고 보조가설을 전제로 삼아 예측을 결론으로 이끌어 내는 다음과 같은 추론 구조를 지니는 것으로 볼 수 있다.

〈예측 3〉

가설 (3): 만일 자연이 진공을 혐오한다면, 토리첼리의 기압계를 어느 곳으로 옮기더라도 수은주의 높이는 줄어들지 않을 것이다

보조가설 (3): 자연이 진공을 혐오하는 정도는 고도의 변화에 따라 달라지는 것이 아니다.

초기조건 (3-1): 자연은 진공을 혐오한다.

초기조건 (3-2): 토리첼리의 기압계를 산꼭대기의 높은 곳으로 옮겼다.

예측 (3): 수은주의 높이는 줄어들지 않을 것이다

이 사례에서 수은주의 높이가 줄어들지 않을 것이라는 예측 (3)은 가설 (3)과 초기조건 (3-1) 및 (3-2)만이 아니라 보조가설 (3)까지 추

2. 가설연역법의 입증 이론

가되어 모두 함께 도출한 것이다. 그런데 이렇게 도출된 예측이 거짓으로 밝혀질 경우, 즉 수은주의 높이가 줄어드는 것으로 밝혀질 경우 그 사실이 함축하는 바는 단순하지 않다. 가설 (3)과 초기조건 (3-1) 및 (3-2) 그리고 보조가설 (3) 중에 최소한 하나가 거짓이라는 논리적 추론이 가능한데, 문제는 그중에 어떤 것 또는 어떤 것들이 거짓인지 확정할 수 없다는 것이다. 초기조건 (3-1) 및 (3-2)가 경험을 통해 알 수 있는 것이라고 하더라도 여전히 가설 (3)이 잘못인지 보조가설 (3)이 잘못인지 불분명한 것이다.

여기서 가설연역법의 문제점으로 지적될 수 있는 측면이 드러나는데, 그것은 가설연역법에 대한 설명에서 보조가설의 역할을 인정하는 순간 가설연역법은 가설을 어떤 반박으로부터도 보호할 수 있게 된다는 것이다. 이 점은 언뜻 장점처럼 생각되기도 한다. 위의 사례에서 수은주의 높이가 줄어든 것이 밝혀졌다고 하더라도 가설이 틀렸기 때문이라고 인정할 필요가 없어지기 때문이다. 논리적으로 보면, 가설, 초기조건 또는 보조가설 중에 하나만 거짓이라고 하면 된다. 이때 경험적 사실이어서 부정하기 어려운 초기조건을 제외하고도 보조가설이 잘못 설정됐다고 주장할 수 있다. 그렇게 되면 가설이 틀린 것이라고 인정할 필요가 없는 것이다. 그렇지만 위의 사례에서 제시된 보조가설을 정반대로 바꿔, 자연이 진공을 혐오하는 정도는 고도의 변화에 따라 달라진다고 해 보면 장점처럼 생각한 바로 그 특성이 문제를 일으킬 수 있음이 드러난다. 수은주의 높이가 줄어든 실험 결과를 놓고서 그 전의 예측, 즉 수은주의 높이는 줄어들지 않을 것이라고 했던 예측은 보조가설이 틀렸기 때문에 그런 잘못된 예측을 한 것이라고 설명하고, 새로운 보조가설에 따르면 기존의 가설 및 초기조건과 함께 수은주의 높이는 줄어들 것이라고 예측하게 된다고 정당화할 수 있기 때문이다. 이런 식으로 하면, 도출된 예측이 거짓으로 밝혀졌다고 하더라도 언제나 보조가설을 수정함으로써 문제의 가설을 유지할 수 있게 된다. 이렇게 어떤 상황에서도 가설을 구할 수 있는 길이 열리게 되면, 도출된 예측이 거짓인 것으로 밝혀진다고 해서 가설이 거짓일 가능성이 높아지는 것도 아니게 된다. 결국 어떻게든 가설을 구할 수 있다는 측면은 가설연역법을 더 이상 직관적이고 그럴듯한 방법이라고 말하기 어렵게 한다.

증거 E가 가설 H를 가설연역적으로 입증하는지 가설연역적으로 반입증하는지의 차이점은 도출한 예측이 E인지 ~E인지에 달려 있다(널리 알려져 있듯이 '~E'는 'E가 거짓이다'를 기호로 나타낸 것이다. 이런 다양한 논리 기호들에 대해서는 3장의 〈상자 3-1〉과 〈상자 3-2〉를 참조하라). 이렇게 도출한 예측은 보조가설과 같은 배경지식만으로는 연역적으로 도출할 수 없는 것이지만 가설 및 배경지식을 모두 전제하면 연역적으로 도출할 수 있는 것이어야 한다. 그래서 E를 예측했다면 E는 H를 가설연역적으로 입증하지만, ~E를 예측했다면 E는 H를 가설연역적으로 반입증하게 된다. 그런데 배경지식에 해당하는 보조가설을 바꿔가면서 가설과 배경지식으로부터 연역적으로 도출한 예측이 사실은 E가 아니라 ~E였어야 한다면서 계속 예측을 수정할 수 있도록 허용하면, 문제의 가설은 결코 반입증되지 못한다. 더욱 심각한 상황은 배경지식에 해당하는 보조가설을 이렇게 수정할 수 있도록 허용하면, 가설과 배경지식으로부터 연역적으로 도출한 예측이 ~E가 아니라 E라고 할 수도 있다는 것이다. 그렇게 되면 문제의 가설은 반입증되지 못할 뿐만 아니라 결코 입증되지도 못한다.

가설연역법은 이런 식의 문제를 해결하기 위해 보조가설과 같은 배경지식의 자리에 아무것이나 들어올 수 없다는 제한을 가할 수 있다. 그것은 보조가설과 같은 배경지식을 임의로 수정하지 못하게 하려는 것이다. 예를 들어 "자연이 진공을 혐오하는 정도는 고도의 변화에 따라 달라지는 것이 아니다"라는 보조가설을 제시했다가 도출된 예측이 거짓으로 밝혀지는 상황을 피하기 위해 "자연이 진공을 혐오하는 정도는 고도의 변화에 따라 달라진다"라고 보조가설을 수정하는 것은 임시방편으로 보조가설을 수정하는 것이라고 할 수 있다. 이렇게 수정된 보조가설을 '미봉가설'이라 부르는데, 과학적 탐구 과정에서 미봉가설의 사용은 옳지 못하다는 원칙을 제시하며 배경지식의 임의적 수정을 막는다면 가설연역법은 다시 설득력을 지닐 수 있다. 비록 보조가설을 포함해서 배경지식의 성격에 대한 추가적인 논의가 필요하지만 말이다.

2.3 가설연역법의 입증 이론

가설연역법은 기본적으로 입증 이론이라기보다는 과학방법론이다. 하지만 과학방법론 역시 가설과 증거 사이의 관계에 대한 분석이기에 본질적으로 입증 이론을 포함하는 것으로 볼 수 있고, 또 과학방법론에 대한 논의는 결국 입증 이론의 출발점이 되었다고 볼 수 있다. 앞에서 서술했듯이, 가설과 초기조건을 통해서 연역적으로 도출된 예측이 실험과 관찰을 통해서 참이라는 것이 밝혀지면 그 예측된 바가 가설을 입증한다는 것이 가설연역법의 대략적인 얼개이다. 여기서 실험과 관찰에 의해서 참이라고 밝혀진 예측된 바가 바로 가설을 입증하는 '증거'의 역할을 하며, 가설로부터 예측을 도출하는 데 필요한 '초기조건'들은 배경지식의 역할을 한다.

그럼 앞 절의 〈예측 1〉과 〈예측 2〉는 '증거', '배경지식', '가설'이라는 표현을 이용해 입증 관계에 대한 서술로 바꿀 수 있다.

토리첼리 기압계의 수은주의 높이가 줄어들었다는 **증거**는
토리첼리 기압계를 산꼭대기의 높은 곳으로 옮겼다는 **배경지식** 아래
에서 만일 토리첼리 기압계를 높은 곳으로 옮기면 수은주의 높이는
줄어든다는 **가설**을 입증한다.

태양의 전부 또는 일부가 가려지는 일식 현상이 발생했다는 **증거**는
지구와 달과 태양이 일직선상에 놓였다는 **배경지식** 아래에서
만일 지구와 달과 태양이 일직선상에 놓이면 태양의 전부 또는 일부
가 가려지는 일식 현상이 발생한다는 **가설**을 입증한다.

보다 일반적으로 표현하자면, 가설연역법의 입증 이론이 규명해야 할
것은 결국 다음과 같은 입증 관계를 나타내는 진술이 된다.

증거 E는 배경지식 K 아래에서 가설 H를 입증한다.

그럼, 가설연역법의 입증 이론은 위 진술을 어떻게 정의하는가? 앞
에서 말했듯이, 가설연역법은 가설과 배경지식에 의해서 함축되는 것
이 가설을 입증한다고 말한다. 따라서 가설연역법의 입증 이론은 입증
을 다음과 같이 정의하려 할 것이다.

증거 E는 배경지식 K 아래에서 가설 H를 입증한다.
=df.   가설 H와 배경지식 K는 증거 E를 함축한다.

(여기서 '=df.'은 정의를 나타내는 기호이다. 즉 'A =df. B'는 'B는
A에 대한 정의이다'를 뜻한다. 여기서 A는 피정의항, B는 정의항이라

불린다.) 가설연역법의 연역 논리적 함축 관계를 기반으로 예측 관계를 생각해 볼 때, 위의 정의는 그럴듯해 보이는 것과 달리 다음과 같은 문제가 있다.

다음과 같은 예측을 생각해 보자.

〈예측 4〉
가설 (4):　　만일 지구와 달과 태양이 일직선상에 놓이면 태양의 전부 또는 일부가 가려지는 일식 현상이 발생한다.
초기조건 (4): 지구와 달과 태양이 일직선상에 놓였다.
예측 (4):　　지구와 태양이 일직선상에 놓였다.

이 사례에서 가설 (4)와 초기조건 (4) 즉 배경지식이 예측 (4)를 연역적으로 함축한다는 것은 분명하다. 그렇다면 우리는 〈예측 4〉도 다음과 같은 입증에 대한 진술로 바꿀 수 있는가?

지구와 태양이 일직선상에 놓였다는 **증거**는
지구와 달과 태양이 일직선상에 놓였다는 **배경지식** 아래에서
만일 지구와 달과 태양이 일직선상에 놓이면 태양의 전부 또는 일부가 가려지는 일식 현상이 발생한다는 **가설**을 입증한다.

그러나 이는 좀 이상하다. 사실 위의 〈예측 4〉에서 예측을 도출할 때 가설 (4)는 아무런 역할을 하지 못한다. 단지 초기조건 (4) 즉 배경지식만으로 예측을 도출할 수 있다. 이런 점은 위 입증에 대한 진술에서도 마찬가지다. 배경지식만 있으면 증거가 도출된다. 가설은 아무런 역할을 하지 못한다. 이런 점에서 증거는 가설로부터 도출되었다고 할 수

없으며, 따라서 증거는 가설을 입증한다고 말하기 곤란하다.

이런 점을 고려할 때 입증에 대한 정의는 다음과 같이 수정되어야한다.

가설연역법의 입증 정의:

증거 E는 배경지식 K 아래에서 가설 H를 입증한다.

=df.　가설 H와 배경지식 K는 E를 함축하지만,

배경지식 K만으로 E를 함축하지는 못한다.

입증에 대한 이러한 정의에 따르면, 정의항의 두 번째 조건에 의해서 〈예측 4〉로부터 제기된 앞의 문제는 사라지게 된다.

그럼 이것이 가설연역법의 입증 이론의 전부인가? 그렇지 않다. 앞장에서 설명했듯이 입증 이론은 세 가지 입증 관계, 즉 입증, 반입증, 중립 관계를 정의해야 한다. 그러나 위 정의는 입증 관계에 대한 정의일 뿐이다. 그렇다면 가설연역법의 입증 이론에서 반입증은 어떻게 정의되는가?

대략적으로 말해, 가설연역법은 가설과 초기조건을 통해서 연역적으로 예측된 바와 **다른 결과**가 실험을 통해서 밝혀지면 해당 실험 결과가 가설을 반입증한다고 말한다. 여기서 예측된 바와 실험을 통해서 밝혀진 바가 다르다는 것은 그 둘이 서로 양립불가능하다는 것을 의미한다. 즉 실험 결과가 참이라면 예측된 바는 거짓일 수밖에 없다는 것이다. 가령, 가설 H와 어떤 초기조건들을 통해서 E가 참이라고 예측되었다고 하자. 하지만 실험을 통해 E가 거짓이라는 것이 밝혀졌다. 이 경우 가설연역법의 입증 이론은 그 실험 결과, 즉 E가 거짓이라는 것이 가설 H를 반입증한다고 말한다. 여기서 우리는 'E가 참'이라는 것과 'E가 거짓'이라는 것을 바꿔 말할 수 있다. 가설 H와 어떤 초기조건들을 통해서 E가 거짓이라는 것이 예측되었다고 하자. 하지만 실험을 통해 E가 참이라는 것이 밝혀졌다. 이 경우 가설연역법의 입증 이론은 E가 참이라는 것이 가설 H를 반입증한다고 말한다. 물론 이 반입증의 정의에도 위 입증 정의에 등장하는 정의항의 두 번째 조건이 삽입되어야 한다. 그렇다면 우리는 가설연역법의 입증 이론 속 반입증 관계를 다음과 같이 정의할 수 있다.

가설연역법의 반입증 정의:
증거 E는 배경지식 K 아래에서 가설 H를 반입증한다.
=df. 가설 H와 배경지식 K는 ~E를 함축하지만,
배경지식 K만으로 ~E를 함축하지는 못한다.

그럼 이제 우리는 가설연역법의 입증 이론의 마지막을 채울 수 있다. 즉 가설과 증거 사이의 중립적인 관계를 다음과 같이 정의할 수 있다.

가설연역법의 중립성 정의:
증거 E는 배경지식 K 아래에서 가설 H와 중립적이다.
=df. 증거 E는 배경지식 K 아래에서 가설 H를 입증하지 않으며,
증거 E는 배경지식 K 아래에서 가설 H를 반입증하지 않는다.

앞에서 말했듯이, 입증 이론을 제시한다는 것은 입증, 반입증, 중립성에 대한 한 벌의 정의를 제시하는 것을 말한다. 위에서 우리는 가설연역법 속 입증, 반입증, 중립성에 대한 정의를 제시하였다. 즉 우리는

가설연역법의 입증 이론을 제시한 것이다.

2.4 가설연역법의 입증 이론이 지니는 문제점

가설연역법 자체의 문제점으로 지적되곤 하지만 가설연역법의 입증 이론이 지니는 문제점이라고도 할 수 있는 것으로 두 가지를 들 수 있다. 하나는 대안 가설의 문제이고, 다른 하나는 통계적 가설의 문제이다.

2.4.1 대안 가설의 문제

대안 가설의 문제는 주어진 증거를 똑같이 만족시키지만 양립할 수 없는 가설이 무한히 많을 수 있다는 문제이다. 곡선 맞추기 문제(curve-fitting problem)라고도 불리는 이 문제는 아래 그림처럼 그래프 위에 세 점을 찍어서 증거로 삼고 이 세 점을 모두 지나는 곡선을 가설이라고 할 때, 이 세 점―증거 1, 증거 2, 증거 3―을 모두 지나는 서로 다른 곡선, 즉 서로 다른 가설들―가설 1, 가설 2, 가설 3―은 무한히 많을 수 있다는 것이다. 여기서 중요한 점은 이 가설들이 서로 동시에 참일 수 없다, 즉 양립불가능하다는 것이다. 이를 가설연역적 입증 이론의 문제로 나타내면, 하나의 가설로부터 연역적으로 도출한 예측이 그 가설과 양립할 수 없는 다른 가설로부터도 연역적으로 도출될 수 있고, 그렇게 서로 양립할 수 없는 다른 가설이 무한히 많을 수 있다는 것이다. 따라서 우리는 특정한 증거들은 서로 양립할 수 없는 무한히 많은 가설들을 입증한다고 말해야 한다.

누군가는 증거가 양립불가능한 여러 가설들을 똑같이 입증할 수 있다는 것에 대해 그리 놀랍지 않다고 말할지 모르겠다. 가령, 살인 사건이 일어났다고 하자. 범인은 철수, 영희, 민호 셋 중에 단 한 명이라는

〈그림〉 곡선 맞추기 문제

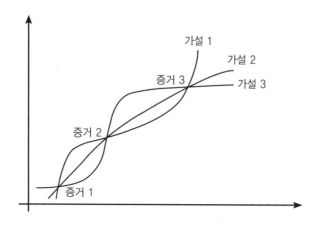

것이 밝혀졌다고 하자. 철수와 민호는 남자이지만 영희는 여자이다. 그런데 범행 현장에서 남성의 DNA가 발견되었다. 그렇다면 이 증거는 철수가 범인이라는 것을 입증하고, 민호가 범인이라는 것을 입증한다. 물론 범인은 단 한 명이기에 철수가 범인이라는 것과 민호가 범인이라는 것은 양립불가능하다. 이렇듯, 주어진 증거는 양립불가능한 여러 가설들을 입증할 수 있다.

하지만 이런 사실이 실제의 추론에서는 이상한 결과를 야기하기도 한다. 가령, 양립불가능한 두 개의 가설—H_1과 H_2—이 있다고 하자. 이 가설 중에서 기껏해야 하나만 참이고, 둘 다 거짓일 수 없다. 즉 H_1이 참이면 H_2는 거짓이고, H_1이 거짓이면 H_2는 참이다. 그런데, 위의 곡선 맞추기 문제처럼 증거 E가 H_1과 H_2로부터 모두 도출된다고 하자. 이런 경우, 가설연역법의 입증 이론을 따르면 E는 H_1과 H_2를 모두 입증한다. 하지만 이는 좀 이상하다. H_1이 참이면, H_2는 거짓이라고 했다. 따라서 H_1의 참일 가능성이 커지면, H_2의 참일 가능성은 작아져야 한다. 다르게 말해, 증거 E가 H_1을 입증하면, 증거 E는 H_2를 반입증해야 한다. 하지만 가설연역법의 입증 이론은 이렇게 말할 수 없다.

대안 가설의 문제에 대해서 가설연역법의 입증 이론을 옹호하는 답변이 있을까? 그 가능한 답변 중에 하나는 가설에 대한 평가에 다른 요소를 도입하는 것이다. 즉, 증거와 가설 사이의 관계 이외의 요소를 도입하여 H_1과 H_2 중에 하나를 선택하는 방안을 제시하는 것이다. 가령, 그들은 우리가 받아들일 만한 좋은 가설의 특징 중의 하나가 단순성이라며 단순한 가설이 복잡한 가설보다 나으며, 이에 H_1과 H_2 중 더 단순한 것을 받아들이라고 말할 수 있다. 하지만 이러한 답변이 당장 가설연역법의 입증 개념을 구제해 주지는 않는다. 이런 답변을 해결책으로 도입한다고 하더라도 해당 증거가 두 가설을 모두 입증한다는 사실에는 변함이 없다. 이런 답변이 말하는 것은 증거에 의한 가설의 입증 여부가 가설의 수용 여부를 결정하지 않으며, 다른 조건이 필요하다는 것일 뿐이다. 물론, 그들은 가설연역법의 입증 이론을 정교하게 재구성하여 증거에 의한 입증과 단순성 사이의 관계를 제시할 수도 있을 것이다. 가령, 단순한 가설로부터 연역적으로 도출된 예측이 왜 복잡한 가설로부터 연역적으로 도출된 예측보다 입증하는 정도가 더 큰지에 대해 설명하려 할 수도 있다. 하지만 가설연역법의 입증 이론은 이를 설명하기 무척 어렵다. 왜냐하면 가설연역법의 입증 이론은 입증 여부만 판정해 주기 때문이다. 가설연역법의 입증 이론이 위와 같은 설명을 제시하기 위해서는 입증의 정도를 비교할 수 있는 정량적인 입증 개념을 만들어 내야 한다. 하지만 이는 정성적인 입증 개념을 제시하는 가설연역법의 입증 이론을 훨씬 넘어서는 일이다.

2.4.2 통계적 가설 문제

과학에 등장하는 가설들이 모든 예측을 연역적으로 도출하는 것은 아니다. 가령, 통계적 가설로부터는 그 가설과 관련 있는 아주 그럴듯한 예측임에도 불구하고 그 예측을 통계적 가설로부터 연역적으로 도출할 수 없다. 이것이 바로 가설연역법의 입증 이론의 통계적 가설 문제다.

가설연역법의 입증 개념은 가설로부터 연역적으로 도출한 예측이 가설을 입증한다고 말한다. 하지만 다음의 반감기 가설을 생각해 보자.

반감기 가설: 방사성탄소(C-14)가 5,730년 안에 붕괴할 확률은 1/2이다.

이 가설로부터 어떤 그럴듯한 예측이 도출될 수 있을까? 가령, 실험을 통해서 다음 증거를 획득했다고 해 보자.

증거 1: 1,000개의 방사성탄소 중에서 500개가 5,730년 안에 붕괴하였다.

증거 2: 1,000개의 방사성탄소 중에서 5,730년 안에 붕괴한 것은 없다.

증거 1은 위 반감기 가설을 입증하는가? 우리의 상식적인 생각에 따르면 분명 증거 1은 해당 가설에 호의적이다. 가설은 붕괴할 확률이 1/2이라고 말하고 있고, 실제로 1,000개의 방사성탄소 중에서 반이 붕괴하였다. 따라서 증거 1은 위의 반감기 가설을 입증하는 것처럼 보인다. 그럼 가설연역법의 입증 이론은 증거 1이 반감기 가설을 입증한다고 판정할 수 있는가? 그렇지 않다. 왜냐하면 반감기 가설로부터는 증거 1 이 연역적으로 함축되지 않기 때문이다. 따라서 가설연역법의 입증 이론은 증거 1이 반감기 가설을 입증한다고 말할 수 없다. 물론 증거 1의 부정 역시 반감기 가설로부터 연역적으로 도출되지 않는다. 따라서 가설연역법의 입증 이론은 그저 "증거 1은 반감기 가설과 중립적이다"라고 말할 수 있을 뿐이다.

그럼 증거 2는 어떤가? 우리의 상식적인 생각에 따르면, 증거 2는 반감기 가설에 호의적이지 않다. 반감기 가설이 옳다면, 1,000개 중에서 하나도 붕괴되지 않는 사건은 '극히' 일어나기 힘들다. 이런 점에서 증거 2는 반감기 가설을 반입증한다고 말하는 것이 자연스러워 보인다. 하지만 증거 2는 '극히' 일어나기 힘들 뿐이다. 가설연역법의 입증 이론에 따라 증거 2가 반감기 가설을 반입증한다고 말하기 위해서는, 반감기 가설이 증거 2의 부정을 함축해야 한다. 하지만 반감기 가설 그 자체는 증거 2가 성립할 수 없다는 것을 연역적으로 함축하지 않는다. 그럼 가설연역법의 입증 이론은 증거 2와 반감기 가설 사이의 관계에 대해서 무어라고 말해야 하는가? 그것은 증거 1과 동일하다. 가설연역법의 입증 이론은 그저 "증거 2는 반감기 가설과 중립적이다"라고 말할 수 있을 뿐이다.

이런 결과들이 우리의 직관과 충돌한다는 것은 분명해 보인다. 그리고 이 통계적 가설 문제에 대해 가설연역법의 입증 이론 그 자체만으로는 또렷한 해결책도 없는 듯이 보인다. 그럼 가설연역법의 입증 이론의 기본 아이디어를 유지한 채 위 문제에 답할 수는 없을까? 이에 대한 한 가지 방법은 연역적 예측뿐만이 아니라 귀납적 예측도 허용하는 것이다(이 방법이 통계학에서 제시하는 통계적 추론의 골격이다).

다시 증거 1과 증거 2를 생각해 보자. 반감기 가설이 참일 때 증거 1

이 참일 확률은 얼마인가? 그리고 반감기 가설이 참일 때 증거 2가 참일 확률은 얼마인가? 우리는 여러 가정이 덧붙여진 수학적 추론을 통해 각 확률을 계산할 수 있다. 첫 번째 확률값에 비해 두 번째 확률값은 무척 작다. 이때 우리는 다음과 같이 규정할 수도 있다.

- 가설이 참일 때 증거가 발생할 확률이 충분히 크다면 증거는 가설을 입증한다.
- 가설이 참일 때 증거가 발생할 확률이 충분히 작다면 증거는 가설을 반입증한다.

이런 방식은 가설연역법의 입증 이론의 예측을 귀납적 예측으로까지 확장한 것이다. 어떤 사람들은 이렇게 연역적 예측뿐만이 아니라 귀납적 예측까지 포함한 입증 이론을 '가설연역법의 입증 이론'이 아니라 '가설유도법(hypothesis-driven) 입증 이론'이라고 부르기도 한다.

이런 방법은 만족스러운가? 쉽게 파악할 수 있듯이, 이런 식으로 입증 이론을 제시하는 것의 중요한 문제는 입증 기준의 자의성에 있다. 얼마만큼 '충분히 커야' 증거는 가설을 입증한다고 말할 수 있는가? 얼마만큼 '충분히 작아야' 증거는 가설을 반입증한다고 말할 수 있는가? 그리고 그 정도의 결정은 누가 하는가? 그렇게 결정된 것은 모든 사람들이 받아들일 정도로 객관적이라고 할 수 있는가? 이런 질문들은 쉽게 답하기 어려워 보인다.

【더 읽을거리】

- 과학방법론에 대한 논의는 아래와 같은 여러 과학철학 입문서에서 찾

아볼 수 있다.

차머스 (1999), 『과학이란 무엇인가?』, 신중섭, 이상원 옮김 (서광사, 2003).

고드프리스미스 (2003), 『이론과 실재: 과학철학 입문』, 한상기 옮김 (서광사, 2014).

가우어 (2013), 『과학의 방법: 역사적 · 철학적 고찰』, 박영태 옮김 (이학사, 2013).

이 가운데 차머스의 책(1999)과 고드프리스미스의 책(2003)이 대표적인 과학철학 입문서이다. 한편 가우어의 책(2013)은 근대 갈릴레이부터 20세기 카르납에 이르기까지의 과학방법론을 역사적으로 서술해 놓은 책이다.

- 가설연역법의 입증 이론 역시 위의 과학철학 입문서에서 쉽게 찾아볼 수 있고, 조금 더 상세한 설명을 원한다면 다음을 보면 된다.

헴펠 (1966), 『자연 과학 철학』, 곽강제 옮김 (서광사, 2010), 2장과 3장.
Salmon, Merrilee H. (ed.) (1992), *Introduction to the Philosophy of Science*, Hackett Pub.의 2.2절.

3

헴펠의 입증 이론

헴펠(C. G. Hempel, 1905-1997)은 입증을 과학철학의 핵심 주제 가운데 하나로 부각시킨 인물이다. 입증에 관한 이후의 논의는 대개 헴펠이 제시한 견해를 비판하고 이를 수정·보완하거나 대체하려는 시도라고 할 수 있다. 이 장에서는 '헴펠의 역설'이라고도 불리는 '입증의 역설'을 먼저 소개할 것이다. 이는 우리의 직관적인 입증 개념이 특이한 결과를 낳는다는 것을 보여 주는 흥미로운 논증으로, 1945년 처음 제시된 이래 지금까지도 많이 논의되는 주제이다. 우리는 이 역설의 정확한 성격과 아울러 이에 대한 헴펠의 진단을 살펴볼 것이다. 그런 다음 헴펠이 자신의 입증 이론에서 입증을 어떻게 정의하는지를 살펴보는 순서로 논의를 진행할 것이다.

3.1 입증의 역설

3.1.1 니코드 기준과 동치 조건

우리는 어떤 증거가 가설을 입증하는지에 관해 일정한 직관을 지니고 있다. 헴펠은 그런 일상적 직관을 잘 포착하는 것이 바로 니코드 기준(Nicod's criterion)이라고 보고 이를 논의의 출발점으로 삼는다. 다음과 같은 간단한 가설을 생각해 보자.

까마귀 가설: 까마귀는 모두 검다.

이 가설을 입증해 주는 사례는 어떤 것일까? 우리의 직관적 이해에 따를 때, 검은 까마귀는 입증 사례이고, 검지 않은 까마귀는 반입증 사례이며, 까마귀가 아닌 대상은—그것이 검든 검지 않든—무관한 사례(또는 '중립적' 사례라고 부르기도 한다)이다. 니코드 기준은 이런 생각을 정식화한 것이다.

앞으로의 논의를 위해, 이 단계에서 기호논리학의 표기법과 용어 몇 가지를 도입하기로 하자. 까마귀 가설을 다시 보자.

H_1: 까마귀는 모두 검다.

이 가설은 '까마귀'라는 특정 부류의 **모든** 대상이 '검다'는 일정한 성질을 갖는다는 것을 말한다. 앞장에서 언급했듯이, 이런 주장을 담고 있는 가설을 '보편 가설'이라 부르며 기호논리학에서는 H_1과 같은 보편 가설을 다음과 같은 형태의 '조건부 주장'으로 분석한다.

어떤 것이든 그것이 까마귀이면 그것은 검다.

이는 우리가 염두에 두는 특정한 범위 안에 있는 대상들―이를 전문용어로 양화(quantification)의 '도메인(domain)' 또는 '논의 세계(the universe of discourse)' 라 부른다―가운데 어떤 것을 잡더라도, 그것이 까마귀라면 그것은 검다는 것을 주장한다. 달리 말하면, 이는 그 도메인 안에는 까마귀인데 검지 않은 것은 전혀 없다는 것을 주장한다. 이는 도메인 안에 까마귀인 대상들만 모아 놓고, 그 대상이 모두 검다고 주장하는 것과는 구분되어야 한다. 도메인 안에 까마귀인 대상들만 있어야 하는 것은 아니며, 다른 대상들이 있더라도 원래 주장은 참이 될 수 있다. 그 주장이 배제하는 것은 도메인 안에 까마귀인데 검지 않은 대상이 존재하는 경우이다. 이런 보편 가설을 기호논리학의 표기법으로는 다음과 같은 '보편 조건문' 으로 나타낸다.

H_1 : $(x)(Rx \rightarrow Bx)$

여기서 '(x)' 는 도메인에 속하는 대상 가운데 어떤 것을 잡더라도 뒤에 나오는 식 '$Rx \rightarrow Bx$' 을 만족한다는 것을 나타내는 장치로, '보편 양화사(universal quantifier)' 라고 불린다. 'Rx' 와 'Bx' 는 각각 'x는 까마귀이다' 와 'x는 검다' 는 술어를 나타내며, 'Rx' 를 조건언의 '전건(antecedent)', 'Bx' 를 '후건(consequent)' 이라 부른다. 이제 기호논리학의 용어를 사용해 니코드 기준을 정식화하면 다음과 같다.

니코드 기준:
보편 조건문의 전건과 후건을 모두 만족할 경우 입증 사례이고,

전건을 만족하지만 후건을 만족하지 않을 경우 반입증 사례이며,

전건을 만족하지 않는 대상은 후건을 만족하든 그렇지 않든 무관한 사례이다.

헴펠은 일상적 직관을 잘 포착한다고 생각되는 니코드 기준이 두 가지 점에서 문제가 있다고 말한다.

첫째, 이 기준은 보편 가설에만 적용된다. 그런데 과학의 가설이 모두 보편 가설인 것은 아니다. 과학에는 보편 가설과 대비되는 '존재 가설'도 많이 있다. "어떤 바이러스는 소아마비를 일으킨다"와 같은 가설이 그런 예이다. 이것은 특정한 성질을 갖는 대상(즉 소아마비를 일으키는 바이러스)의 존재를 주장하는 가설이다. 이런 존재 주장은 보편 주장처럼 조건부 주장으로 분석되는 것이 아니다. 이 때문에 존재 가설을 기호논리학의 표기법으로 나타낼 경우, 거기에는 전건이나 후건이라고 부를 만한 것이 없다. 그러므로 전건과 후건을 동시에 만족할 때 입증 사례가 된다고 하는 니코드 기준은 존재 가설에는 적용될 수 없게 된다. 더구나 보편 가설이 모두 앞서 본 형태의 간단한 보편 조건문으로만 표현될 수 있는 것도 아니다. 도리어 보편 양화사 이외에 존재 가설을 표현하는 데 사용되는 존재 양화사(existential quantifier)를 함께 써야 적절히 나타낼 수 있는 보편 가설도 있다. 가령 "모든 인간은 출생한 후 유한한 햇수 뒤에 죽는다"와 같은 가설이 그런 예이다. 그러므로 우리는 어떤 형태의 가설에도 적용될 수 있는 더욱 포괄적인 입증 기준이 필요하다는 점을 알 수 있다. 이것이 헴펠이 말하는 니코드 기준의 첫째 난점이다.

둘째 난점은 하나의 가설이 여러 다른 방식으로 표현될 수 있기에 발생하는 문제이다. 이번에는 다음 가설을 생각해 보자.

〈상자 3-1〉 기호논리학에서 사용하는 기호의 의미

기호논리학에서 사용하는 대표적인 기호에는 '~', '&', '∨', '→', '(x)', '(∃x)' 등이 있다. 이 기호의 각각은 부정 기호 '~', 연언 기호 '&', 선언 기호 '∨', 조건 기호 '→', 보편 양화사 기호 '(x)', 존재 양화사 기호 '(∃x)' 이다. 각 기호에 의해서 표현되는 문장들에 대한 설명은 다음과 같다.

- 부정문: "철수는 네 살이 아니다"라는 형태의 문장을 말한다. 기호 논리학에서는 이를 '~A'로 적는다.
- 연언문: "철수는 네 살이고 영희는 다섯 살이다"라는 형태의 문장을 말한다. 기호논리학에서는 이를 보통 'A&B'로 적는다. A와 B를 '연언 성원'이라 부른다.
- 선언문: "철수가 네 살이거나 영희가 다섯 살이다"라는 형태의 문장을 말한다. 기호논리학에서는 이를 보통 'A∨B'로 적는다. A와 B를 '선언 성원'이라 부른다.
- 조건문: "철수가 네 살이면 영희는 다섯 살이다"라는 형태의 문장을 말한다. 기호논리학에서는 이를 보통 'A→B'로 적는다. A를 '전건', B를 '후건'이라 부른다.
- 보편 양화 문장: "모든 것은 질량을 가진다"와 같은 형태의 문장을 말한다. 'x가 질량을 가진다'를 'Mx'라고 나타낸다면, 기호논리학에서는 위 문장을 '(x)Mx'로 나타낸다. 본문에서 말했듯이 기호논리학에서는 "까마귀는 모두 검다"와 같은 문장을 '(x)(Rx→Bx)'라고 적는다.
- 존재 양화 문장: "어떤 것은 색깔을 가진다"와 같은 형태의 문장을 말한다. 이는 색깔을 가지는 것이 있다는 것을 의미하며, 기호논리학에서는 이를 '(∃x)Cx'로 적는다. (여기서 'Cx'는 'x가 색깔을 가진

다'를 나타낸 것이다.) 그러면 본문에 나온 "어떤 바이러스는 소아마비를 일으킨다"는 기호논리학으로 어떻게 표현될까? 이 문장은 "바이러스이면서 소아마비를 일으키는 것이 있다"는 것과 같은 뜻이다. 따라서 기호논리학에서는 위 문장을 '(∃x)(Vx&Px)'으로 표현한다. 여기서 'Vx'와 'Px'는 각각 'x는 바이러스이다'와 'x는 소아마비를 일으킨다'를 뜻한다.

H₂: 검지 않은 것은 모두 까마귀가 아니다.

이 보편 가설은 다음과 같이 분석될 것이다.

어떤 것이든 그것이 검지 않다면 그것은 까마귀가 아니다.

이 조건부 주장을 기호논리학에서는 다음과 같이 나타낸다.

H₂: $(x)(\sim Bx \rightarrow \sim Rx)$

이제 우리가 다음과 같은 네 가지 종류의 증거 사례 a, b, c, d에 니코드 기준을 적용해, 어떤 것이 입증 사례이고 어떤 것이 반입증 사례이며 어떤 것이 무관한 사례인지를 분류해 보기로 하자.

증거 사례	성질	기호논리학 표기
a	까마귀이고 검다	Ra&Ba
b	까마귀이고 검지 않다	Rb&∼Bb
c	까마귀가 아니고 검다	∼Rc&Bc
d	까마귀가 아니고 검지 않다	∼Rd&∼Bd

니코드 기준에 따르면, 보편 조건문의 전건과 후건을 모두 만족하면 입증 사례이고, 전건을 만족하지만 후건은 만족하지 않는다면 반입증 사례이고, 전건을 만족하지 않는다면 후건을 만족하든 그렇지 않든 무관한 사례이다. 그러므로 H_1: $(x)(Rx \rightarrow Bx)$의 경우 a는 전건 Rx와 후건 Bx를 모두 만족하므로 입증 사례이고, b는 전건은 만족하지만 후건은 만족하지 않으므로 반입증 사례이며, c와 d는 전건을 만족하지 않으므로 무관한 사례로 분류되게 된다. 한편 H_2: $(x)(\sim Bx \rightarrow \sim Rx)$의 경우 전건과 후건이 각각 $\sim Bx$, $\sim Rx$이므로 이 둘을 모두 만족하는 d가 입증 사례이고, 전건을 만족하지만 후건은 만족하지 않는 b는 반입증 사례이며, a, c는 전건을 만족하지 않으므로 무관한 사례가 된다. 따라서 우리는 다음의 분류표를 얻게 된다.

〈분류표 1〉

증거 사례	H_1	H_2
a	**입증 사례**	**무관한 사례**
b	반입증 사례	반입증 사례
c	무관한 사례	무관한 사례
d	**무관한 사례**	**입증 사례**

이제 헴펠이 말하는 니코드 기준의 두 번째 난점을 이해할 수 있는 준비가 다 되었다. 〈분류표 1〉을 보면, 사례 b와 c를 두고서는 두 가설 모두 각각 반입증 사례와 무관한 사례로 동일한 분류를 하고 있다. 하지만 a와 d의 경우는 분류가 다르게 되어 있다. a는 H_1의 입증 사례이지만 H_2와는 무관한 사례이며, 반대로 d는 H_1과는 무관한 사례이지만 H_2의 입증 사례로 표시되어 있다. 물론 H_1과 H_2가 완전히 별개의 가설이라면 이런 사실은 아무런 문제가 되지 않는다. 그런데 우리가 알고

있듯이, H_1과 H_2는 이른바 '동치(equivalent)' 이다. 그런데도 니코드 기준을 적용한 분류표에 따를 때, a와 d는 서로 다르게 분류되고 만다. 이는 어떤 사례가 가설의 입증 사례인지 여부가 그 가설을 어떻게 표현하느냐에 따라 달라진다는 의미이다. 헴펠은 바로 이 점을 니코드 기준의 두 번째 난점으로 지목한다. 헴펠이 주장하듯이, 입증이 가설의 내용뿐만 아니라 정식화 방식에도 의존한다면 이는 명백히 불합리해 보인다. 가설의 내용이 중요하지 그것을 어떻게 표현하느냐가 커다란 차이를 가져와서는 안 될 것이다. 이런 일이 발생하는 이유는 니코드 기준이 보편 가설이 표현되는 특정한 방식, 즉 조건문의 전건과 후건이라는 언어상의 어떤 형태와 연관 지어 입증 사례인지 여부를 규정짓고 있기 때문이다.

〈상자 3-2〉 함축, 동치, 그리고 일관성

- 함축: 논증에서 전제가 결론을 '함축한다' 는 말은 전제가 모두 참일 경우에는 언제나 결론도 참이라는 의미이다. 바꾸어 말해, 전제가 모두 참인데 결론이 거짓이 되는 경우란 결코 없다는 의미이다. 전제가 결론을 실제로 함축할 때, 결론을 전제의 '논리적 귀결' 이라고도 부른다. 기호논리학에서는 이런 관계를 '⊨' 를 이용해서 표현한다. 가령 'A가 B를 함축한다' 는 것은 'A ⊨ B' 로 나타낸다.
- 동치: 두 주장 A와 B가 동치라는 말은 A가 참이면 언제나 B도 참이고, B가 참이면 언제나 A도 참이라는 의미이다. 달리 말하면 그 둘이 참이 되는 조건이 같아서 언제나 같은 진리값을 갖는다는 의미이다. '대우' 나 '드모르간의 법칙' 같은 사례가 전형적인 동치의 예이다. 두 주장이 동치 관계에 있다는 것을 '⊨' 기호를 이용해 나타낼 수 있다. A와 B가 동치일 경우, 'A ⊨ B' 와 'B ⊨ A' 가 둘 다 성립한다.

> • 일관성: 두 주장 A와 B가 일관적이라는 것은 A와 B가 동시에 참일
> 수 있다는 의미이다. 달리 말하자면 A와 B가 모두 참이 되는 경우
> 가 있다는 것이다. 이런 관계는 셋 이상의 문장들에 대해서도 성립
> 한다. 즉 A, B, C가 동시에 참일 수 있는 경우, 우리는 세 문장의
> 집합 {A, B, C}가 일관적이라고 말한다.

니코드 기준이 지닌 두 번째 난점의 원인이 무엇인지를 파악했다면, 그 난점을 벗어나기 위해서는 어떻게 해야 하는지도 쉽게 알 수 있다. 입증 사례인지 여부가 가설의 표현 방식이 아니라 가설의 내용에 의존하도록 만들면 될 것이다. 그렇게 하는 한 가지 방안은 다음과 같은 조건을 채택하는 것이다.

동치 조건:
어떤 사례가 가설 H를 입증한다면, 그 사례는 H와 동치인 가설도 모두 입증한다.

이 조건은 동치라는 점에서 내용이 같은 가설이라면, 입증 사례도 같아지도록 규정하는 셈이다.

이제 가설 H_1과 H_2가 동치라는 점을 받아들이고, 나아가 방금 도입한 동치 조건을 H_1과 H_2에 적용해 보자. H_1은 H_2와 동치이므로 동치 조건에 따라 H_2의 입증 사례인 d는 H_1의 입증 사례라고 할 수 있게 된다. 같은 이치로 이제 a도 H_2의 입증 사례라고 할 수 있게 된다. H_2는 H_1과 동치인데, a는 H_1의 입증 사례이므로 동치 조건에 따라 H_2의 입증 사례이기도 하기 때문이다. 그러므로 H_1과 H_2가 동치라고 보고 이들에 동치 조건을 적용하면 〈분류표 1〉은 〈분류표 2〉로 바뀌게 된다.

〈분류표 2〉

증거 사례	H₁	H₂
a	입증 사례	**입증 사례**
b	반입증 사례	반입증 사례
c	무관한 사례	무관한 사례
d	**입증 사례**	입증 사례

애초의 니코드 기준에 동치 조건을 추가함으로써 우리는 원했던 대로,
동치인 두 가설, H₁과 H₂의 입증 사례가 달라지지 않고 같게 되는 성
과를 거두었다.

3.1.2 역설의 발생

하지만 다른 한편으로는 예상 밖의 골칫거리가 생겨났다. 이를 파악
하기 위해, d에 주목해 보자. d는 애초 H₁과 무관한 사례였다가 동치
조건을 적용한 결과 입증 사례로 바뀌었다. 그런데 d가 과연 H₁의 입
증 사례인가? d는 까마귀도 아니고 검지도 않은 대상이다. 가령 '빨간
연필'이나 '녹색 나뭇잎', '누런 소' 등이 그런 대상이다. 그런 대상이
H₁, 곧 까마귀 가설의 입증 사례라는 것은 이상하지 않은가? 검지도
않고 까마귀도 아닌 대상, 가령 '녹색 나뭇잎'이 "까마귀는 모두 검
다"는 까마귀 가설을 지지해 주는 증거라는 결과를 어떻게 이해해야
할까?

헴펠이 말하듯이, 놀라운 결과는 이것으로 끝이 아니다. 이를 더 확
장할 수도 있다. 이번에는 다음과 같은 가설 H₃을 생각해 보자.

H₃: 까마귀이거나 까마귀가 아닌 것은 모두 까마귀가 아니거나 검다.

앞서와 마찬가지로 이 보편 가설은 다음과 같이 분석된다.

어떤 것이든 그것이 까마귀이거나 까마귀가 아니라면, 그것은 까마 귀가 아니거나 검다.

이 가설을 기호논리학의 표기법으로 나타내면 다음과 같다.

$$H_3: \quad (x)((Rx \vee \sim Rx) \rightarrow (\sim Rx \vee Bx))$$

단번에 이해하기 어렵겠지만, H_3도 H_1과 동치이다(아래 〈상자 3-3〉 참조). 이제 H_3에 니코드 기준을 적용해 보자. H_3도 보편 조건문 형태이

〈상자 3-3〉 H_1과 H_3은 서로 동치인가?

H_1과 H_3은 서로 동치라는 점을 이해하려면 다음 두 가지 논리적 사실에 주목하면 된다.

(ㄱ) 'A→B'와 '∼A∨B'는 동치이다.

(ㄴ) '(A∨∼A)→B'와 'B'는 동치이다.

우선 'A→B'가 'A이지만 B가 아닌 경우는 없다.'와 같은 의미라는 것에 주목하자. 즉 A→B는 ∼(A&∼B)와 동치이다. 그런데 우리가 잘 아는 드모르간 법칙에 따를 때 ∼(A&∼B)는 ∼A∨B와 동치이다. 결국 A→B는 ∼A∨B와 동치가 된다. 따라서 (ㄱ)이 성립한다.

이제 (ㄴ)이 성립하는지 생각해 보자. A가 무엇이든 A∨∼A는 언제나 참이다. 따라서 B가 참이라면 (A∨∼A)→B도 참이 되며, B가 거짓이라면 (A∨∼A)→B는 거짓이 된다. 왜냐하면 전건이 참일 경

우 조건문의 참/거짓은 후건의 참/거짓에 달려 있기 때문이다. 결국 $(A \lor \sim A) \to B$는 B와 동치가 된다.

이제 위의 두 가지 논리적 사실을 이용하면, H_1과 H_3이 서로 동치라는 점을 쉽게 확인할 수 있다. 우선 (ㄴ)에 의해서 H_3: $(x)((Rx \lor \sim Rx) \to (\sim Rx \lor Bx))$은 $(x)(\sim Rx \lor Bx)$와 동치이다. 그리고 (ㄱ)에 의해서 $(x)(\sim Rx \lor Bx)$는 H_1: $(x)(Rx \to Bx)$과 동치가 된다. 따라서 H_3은 H_1과 동치이다.

므로, 전건과 후건을 모두 만족하면 입증 사례이고 전건을 만족하지만 후건은 만족하지 않으면 반입증 사례이며, 전건을 만족하지 않으면 후건을 만족하든 하지 않든 무관한 사례라고 해야 할 것이다. 그런데 H_3의 전건은 특이한 형태를 띠고 있어서, '그것' 자리(즉 'Rx'에서 'x' 자리)에 어떤 것을 대입하더라도 전건 $(Rx \lor \sim Rx)$은 만족하게 된다. 그러므로 H_3에 니코드 기준을 적용할 경우에는 후건 $(\sim Rx \lor Bx)$만 만족하면 입증 사례가 된다. H_3의 후건은 '$\sim Rx \lor Bx$'이므로, $\sim Rx$나 Bx 가운데 어느 하나만 만족하면 결국 전건과 후건을 모두 만족하는 결과가 된다. 그런데 a, c, d에는 각각 Ba, Bc, $\sim Rd$가 들어 있으므로, H_3의 후건을 만족한다. 그러므로 니코드 기준을 따를 때, a, c, d는 모두 H_3의 입증 사례가 된다. 한편 b는 전건은 저절로 만족하지만 후건에 나오는 $\sim Rx$나 Bx 가운데 어느 것도 만족하지 않으므로 이전처럼 반입증 사례로 분류되게 된다. 아래 표의 맨 오른쪽 칸은 바로 그 점을 나타낸다.

〈분류표 3〉

증거 사례	H_1	H_2	H_3
a	입증 사례	입증 사례	입증 사례
b	반입증 사례	반입증 사례	반입증 사례
c	무관한 사례	무관한 사례	**입증 사례**
d	입증 사례	입증 사례	입증 사례

끝으로 위의 결과에 동치 조건을 적용해 보자. H_1, H_2, H_3은 모두 서로 동치이므로 우리는 다음의 분류표를 최종적으로 얻게 된다.

〈분류표 4〉

증거 사례	H_1	H_2	H_3
a	입증 사례	입증 사례	입증 사례
b	반입증 사례	반입증 사례	반입증 사례
c	입증 사례	입증 사례	입증 사례
d	입증 사례	입증 사례	입증 사례

이 분류표에서 주목할 점은 다음 두 가지이다. 첫째, a, d뿐만 아니라 조금 전까지 무관한 사례로 여겨졌던 c도 새로이 입증 사례로 분류되게 되었다는 점이다. 이는 까마귀가 아니지만 검은 대상, 가령 우리 아파트의 '검은 굴뚝'도 까마귀 가설의 입증 사례로 여겨야 한다는 의미이다. 둘째, 네 가지 사례는 모두 입증 사례이거나 아니면 반입증 사례일 뿐 무관한 사례는 없다는 점이다.

지금까지 우리는 니코드 기준과 동치 조건을 결합하게 되면 '특이한' 결과가 생겨난다는 점을 살펴보았다. 그렇다면 '입증의 역설(the paradox of confirmation)' 또는 '까마귀 역설(the raven paradox)'은 정확히 무엇을 말하는 것일까? 몇 가지 선택지가 있는 것 같다.

첫째, 사례 d, 구체적으로 가령 '빨간 연필'과 같은 대상이 "까마귀는 모두 검다"는 까마귀 가설을 입증한다는 점을 역설적 결과라고 볼 수 있다. 우리는 이 점을 좀 더 일반화할 수도 있다. 까마귀가 아닌 것이 까마귀 가설을 입증하는 경우가 있다는 점을 역설적 결과라고 보는 것이다.

둘째, 사례 c나 d, 구체적으로 '빨간 연필'이나 '검은 굴뚝'과 같은 대상이 까마귀 가설을 입증한다는 것을 역설적 결과라고 볼 수도 있다. 여기서도 이 점을 좀 더 일반화할 수 있다. 그 경우 까마귀가 아닌 것은 무엇이든 모두 까마귀 가설을 입증한다는 것을 역설적 결과라고 보는 것이다. 헴펠 자신은 바로 이 현상을 일컬어 '입증의 역설'이라고 부르고 있다(그의 책, 39쪽).

첫째를 일반화한 것과 둘째를 일반화한 것은 서로 다르다. 첫째를 일반화한 것은 까마귀가 아닌 대상들 가운데 **일부**가 까마귀 가설을 입증한다는 것이 이상하게 비친다고 말하는 것이다. 반면에 둘째를 일반화한 것은 까마귀가 아닌 대상은 **모두** 까마귀 가설을 입증한다는 것이 이상하게 비친다고 말하는 것이다. 둘째가 좀 더 역설적이라고 할 수 있다. 둘째가 성립하면 첫째도 성립하기 때문이다.

그런데 역설적 결과를 약간 다른 시각에서 보는 셋째 방안도 있는 것 같다. 〈분류표 4〉와 이전 표의 차이점에 주목해 보자. 〈분류표 4〉에 오면 이전 표와는 달리 무관한 사례가 더 이상 존재하지 않게 된다. 다시 말해, 어떠한 사례이든 까마귀 가설의 입증 사례이거나 반입증 사례이지 무관한 사례는 없다는 것이다. 우리는 이 점을 역설적 결과로 볼 수도 있을 것 같다. 니코드 기준에 동치 조건을 적용하는 과정에서 증거의 삼분법이 어느새 이분법으로 바뀌어 까마귀 가설과 관련해 무관한 증거란 없다는 결과를 낳았다. 이것도 우리의 일상적 직관과는 맞지 않는 것 같다.

〈상자 3-4〉 역설

'역설'이란 명백히 받아들일 만한 전제들로부터, 논란의 여지가 전혀 없는 올바른 추론을 통해, 명백히 받아들이기 어려운 결론에 다다른 논증을 의미한다. 입증의 역설의 경우 니코드 기준과 동치 조건, 그리고 세 가설 H_1, H_2, H_3이 모두 동치라는 것이 전제들이고, 추론 과정도 명백히 올바르다. 하지만 까마귀도 아니고 검지도 않은 대상이 까마귀 가설을 입증한다는 결론은 명백히 받아들일 수 없는 것이다. 물론 헴펠 자신은 이 결론이 실제로는 받아들이기 어려운 것이 아니라 참이라고 주장한다.

3.1.3 가능한 역설의 해결책?

역설적 결과를 피하려면 어떻게 해야 할까? 어떤 해결 방안이 있을지를 보려면 먼저 역설이 발생하는 구조를 정확히 파악해야 할 것이다. 앞서 본 대로, 역설이 발생하는 데는 세 가지 요소가 쓰였다. 니코드 기준이 하나이고, 동치 조건이 또 다른 하나이며, 세 가설 H_1, H_2, H_3이 동치라는 것이 나머지 하나이다. 이 가운데 어느 하나를 버린다면 역설에서 벗어날 수 있을 것이다. 어떤 것을 버릴 수 있을까?

첫째, 니코드 기준을 버리는 방안을 생각해 보자. 앞서 니코드 기준의 난점을 거론했기 때문에 이를 마땅히 포기해야 한다고 생각할지 모르겠다. 하지만 그렇지 않다. 니코드 기준이 모든 형태의 가설에 적용할 수 있을 만큼 포괄적인 기준이 못 된다는 점은 사실이다. 하지만 이는 니코드 기준을 입증의 필요조건(또는 필요충분조건)으로 삼기 어렵다는 점을 말해 줄 뿐, 입증의 충분조건으로 삼을 수 없다는 것을 말해 주는 것은 아니다. 사실 보편 가설의 전건과 후건을 모두 만족하는데도 입증 사례가 아니라고 할 수 있는 상황을 설득력 있게 제시하기란 쉽지 않아 보인다. 도리어 니코드 기준은 우리의 일상적 직관을 잘 반영하는 것으로 보이며, 그 자체로 커다란 문제를 안고 있다기보다는 그것이 다른 조건과 결합하게 되면 문제를 일으키게 된다는 것이 더 적절한 진단으로 보인다. 그렇다면 니코드 기준을 버리는 것은 좋은 방안이 아닌 것으로 보인다.

둘째, 동치 조건을 버리는 방안을 생각해 보자. 애초 동치 조건은 니코드 기준이 가설의 표현 형식에 의존한다는 점을 보완하기 위해 들여온 것이다. 이를 통해 우리는 입증 사례인지 여부가 가설의 형식뿐만 아니라 내용에도 의존하도록 만든 것이다. 만약 우리가 동치 조건을 받아들이지 않는다면 입증 사례인지 여부는 가설이 어떻게 정식화되느냐에 따라 달라질 수 있게 되며, 이는 명백히 불합리한 결과로 보인다. 결국 동치 조건을 버리는 방안도 적절해 보이지 않는다.

셋째 방안을 생각해 보자. 셋째 방안은 동치 조건을 받아들이면서도 문제의 가설들이 동치임을 부정하는 방안이다. 이 경우 우리는 동치 조건을 적용할 수 없게 되고, 따라서 무관한 사례가 입증 사례로 바뀌는 것이 봉쇄되어 '특이한' 결과를 낳지 않게 될 것이다. 그런데 우리는 다음 세 가설이 동치라는 점을 부인할 수는 없다.

H_1:　$(x)(Rx \rightarrow Bx)$

H_2:　$(x)(\sim Bx \rightarrow \sim Rx)$

H_3:　$(x)((Rx \vee \sim Rx) \rightarrow (\sim Rx \vee Bx))$

현대의 표준 논리학에서 이들 셋은 실제로 동치이기 때문이다.

그러면 우리는 역설적 결과를 받아들일 수밖에 없는가? 꼭 그래야 하는 것은 아니다. 왜냐하면 우리가 여태껏 엄밀하게 따져 보지 않은 중요한 가정 하나가 가설을 정식화하는 데 들어 있기 때문이다. 우리는 지금까지 위에 나오는 식들이 아래 일상어로 표현된 보편 가설을 정확히 정식화한 것이라고 여기고 논의를 이끌어 왔다.

H₁: 까마귀는 모두 검다.
H₂: 검지 않은 것은 모두 까마귀가 아니다.
H₃: 까마귀이거나 까마귀가 아닌 것은 모두 까마귀가 아니거나 검다.

그런데 이 점에 모두가 동의하는 것은 아니다. 이 문제를 좀 더 살펴보기로 하자.

논의를 간단히 하기 위해, 다음 형식의 주장을 생각해 보자.

(가) S는 모두 P이다.

이 주장을 이해하는 방식에는 역사적으로 두 가지가 있다. 하나는 (가)가 이른바 '존재 함축(the existential import)'을 갖는다고 보는 입장이고, 다른 하나는 존재 함축을 갖지 않는다고 보는 입장이다. 대략적으로 말해, 이 차이는 (가)라는 형태의 주장을 할 때, S인 것들이 존재한다는 것을 전제한다고 볼지 여부의 차이이다. 아리스토텔레스에서 유래하는 전통 논리학은 S인 것들이 존재한다는 것을 전제한다고 보는 입장, 즉 존재 함축을 갖는다는 입장이다. 반면에 현대 논리학은 그렇지 않다는 입장이다.

　앞서 본 기호논리학의 표기법을 이용한다면, 두 입장의 차이를 분명하게 할 수 있다. 먼저 존재 함축을 갖지 않는다고 보는 현대적 해석은 (가)를 다음과 같이 표현한다.

　(나)　어떤 것이든 그것이 S라면 그것은 P이다.

　　　$(x)(Sx \rightarrow Px)$

반면 존재 함축을 갖는다고 보는 아리스토텔레스의 해석을 받아들일 경우, 우리는 (가)를 다음과 같은 식으로 나타낼 수 있다.

　(다)　어떤 것이든 그것이 S라면 그것은 P이고, S인 것이 존재한다.

　　　$(x)(Sx \rightarrow Px) \& (\exists x)Sx$

(나)와 달리 (다)에서는 S가 존재한다는 것(즉 '$(\exists x)Sx$')이 주장의 일부로 들어 있다. 이 정식화는 "S는 모두 P이다"는 주장을 할 때, S인 것이 존재한다는 점을 암묵적으로 전제한다는 아리스토텔레스의 생각을 명시적으로 드러낸 것이라고 할 수 있다.

　이 두 해석의 차이가 사소한 것이 아님을 주목할 필요가 있다. S가 존재하지 않는 것을 나타낼 경우, 두 해석은 참/거짓과 관련해 상반된 평가를 내리게 되기 때문이다. S가 존재하지 않는 것을 나타낸다면, (나)는 이른바 '공허하게(vacuously)' 참인 반면 (다)는 거짓이 된다. 가령 산타클로스는 실제로는 존재하지 않으므로, 다음 문장

　"산타클로스는 모두 흰 수염을 하고 있다."

〈상자 3-5〉 아리스토텔레스 논리학과 현대 기호논리학

'S는 모두 P이다'와 같은 문장과 관련해 아리스토텔레스와 현대 기호논리학의 해석 차이를 벤 다이어그램을 이용해 분명히 나타낼 수도 있다. 아래 벤 다이어그램을 살펴보자. 각각의 그림에서 빗금은 해당 영역에는 아무것도 없다는 것을 뜻한다. 그리고 '★' 표는 해당 영역에 무언가가 있다는 것을 뜻한다.

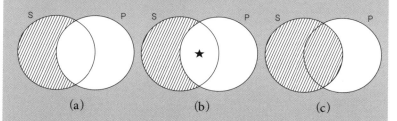

(a)   (b)   (c)

위 그림에서 (a)는 'S는 모두 P이다'에 대한 현대 기호논리학의 해석을 나타내고, (b)는 아리스토텔레스의 해석을 나타낸다. (a)는 S에 해당하는 것이 존재한다는 것을 말해 주고 있지 않다. 하지만 (b)는 S가 존재한다는 것을 말해 준다. 이런 의미에서 아리스토텔레스의 해석에서는 'S는 모두 P이다'는 존재 함축을 가지지만 현대 기호논리학의 해석에서는 그렇지 않다. 이제 (c)와 같은 경우를 생각해 보자. 즉 S가 없는 경우를 생각해 보자. 이런 경우라면 (a) 역시 성립한다. 따라서 현대 기호논리학의 해석에 따라 'S는 모두 P이다'를 해석하면 (c)가 참인 경우, 즉 S가 없는 경우에 (a) 역시 참이다. 이럴 때 현대 논리학자들은 'S는 모두 P이다'가 공허하게 참이라고 말한다. 하지만 아리스토텔레스의 해석에 따라 'S는 모두 P이다'를 해석하면 (c)가 참일 경우 'S는 모두 P이다'는 거짓일 수밖에 없다. 아리스토텔레스의 해석에 따르면 'S는 모두 P이다'는 'S인 것이 적어도 하나 있다', 즉 '★' 표시를 한 것이 있다는 것을 함축하기 때문이다.

는 존재 함축을 갖지 않는 것으로 이해할 경우에는 참이다. 왜냐하면 보편 주장 "산타클로스는 모두 흰 수염을 하고 있다"는 "산타클로스인데 흰 수염을 하고 있지 않은 것은 없다"고 하는 존재 주장의 부정과 정확히 같은 의미를 지니는 것으로 이해되는데, 산타클로스가 존재하지 않으면 산타클로스이면서 흰 수염을 하고 있지 않은 것도 당연히 존재하지 않을 것이기 때문이다. 한편 존재 함축을 갖는 것으로 이해할 경우 위의 문장은 거짓이다. 왜냐하면 가정상 산타클로스는 실제로 존재하는 대상이 아니므로 (다)의 오른쪽 연언 성원, 즉 $(\exists x)Sx$이 거짓이어서 (다) 전체는 거짓이 되기 때문이다. (가)와 같은 형태의 보편 가설을 정식화하는 서로 다른 두 가지 방식에 대해서는 이 정도로 설명을 하고, 이제 까마귀 가설로 돌아가 보자.

우리는 앞서 H_1과 H_2를 다음과 같이 정식화했다.

H_1 : $(x)(Rx \rightarrow Bx)$

H_2 : $(x)(\sim Bx \rightarrow \sim Rx)$

앞의 논의를 참조할 때, 이는 우리가 보편 가설이 존재 함축을 갖지 않는다는 입장을 채택했음을 의미한다. 이번에는 존재 함축을 갖는다는 입장을 채택해 보자. 즉, 현대논리학의 입장이 아닌, 아리스토텔레스에서 유래하는 전통논리학의 입장을 채택해 보자. 그 경우 다음과 같은 정식화를 얻는다.

H_{11} : $(x)(Rx \rightarrow Bx)\&(\exists x)Rx$

H_{22} : $(x)(\sim Bx \rightarrow \sim Rx)\&(\exists x)\sim Bx$

형태상으로도 쉽게 알 수 있듯이, 이들 둘은 동치가 아니다. 위 식의 오른쪽 연언 성원의 차이가 그 점을 분명하게 드러내 준다. H_{11}이 참이 되려면 까마귀의 존재를 필요로 하는 반면 H_{22}가 참이 되려면 검지 않은 대상의 존재를 필요로 한다. 두 식이 참이 되는 조건이 같은 것은 아니므로 그 둘은 동치가 아니다. 그러므로 보편 가설은 존재 함축을 갖는다는 입장을 채택한다면, d가 까마귀 가설을 입증하는 사례라는 결론은 나오지 않는다. H_{11}과 H_{22}라는 두 가설은 동치가 아니므로 동치 조건을 적용할 수 없기 때문이다. 그렇다면 역설은 초기 단계에서부터 봉쇄되는 것 같다.

헴펠은 이런 식으로 역설을 피하려는 시도를 비판한다. 그는 세 가지 점을 지적한다. 첫째, 실제 과학에서 우리는 가설 H_1과 H_2를 동치 문장으로 이해하고 사용하는 경우가 많다는 것이다. 그런데 H_{11}과 H_{22}로 기호화하게 되면 기존의 관행을 포기해야 하므로 바람직하지 않다는 것이다. 둘째, 존재 함축을 갖는다고 하더라도, 정확히 어떤 대상의 존재를 전제한다고 볼지 불분명하다고 비판한다. 그는 다음과 같은 가설을 예로 든다.

어떤 사람에게 특정한 테스트 물질을 투여했더니 양성 피부반응이 나타났다면, 그 사람은 디프테리아에 걸린 것이다.

이 보편 가설의 경우 정확히 어떤 대상의 존재를 함축한다고 보아야 할까? 그것은 사람의 존재인가 아니면 특정한 테스트 물질을 투여한 사람의 존재인가, 아니면 특정한 테스트 물질을 투여했더니 양성 피부반응을 나타낸 사람의 존재인가? 어떤 식의 결정을 내리든 그 결정은 임의적이라는 것이 바로 헴펠의 비판 요지이다. 셋째, 실제 과학에서 모

든 가설이 존재 함축을 갖는 것은 아니라는 점이다. 가령 극한 상황이
나 이상 상황을 가정한 과학적 진술도 많이 있는데, 이 경우 우리는 그
런 상황이 꼭 실현된다고 보지는 않는다는 것이다. 헴펠은 그 예로 "인
간과 유인원이 교접하면, 그 후손은 이러저러한 특징을 갖는다"라는
가설을 든다. 이런 점들을 고려할 때, 존재 함축을 갖는다고 보아 문제
의 가설이 동치임을 부정하는 방안은 좋은 방안이 못되는 것 같다.

물론 모든 사람이 헴펠의 이런 견해에 동의하는 것은 아니다. 니코드
기준을 부정하는 학자들도 있고, 동치 조건을 부정하는 학자들도 소수
있다. 나아가 문제의 가설들이 실제로 동치라고 보기는 어렵다는 다양
한 이유를 나름대로 제시하는 사람들도 많이 있다.

3.1.4 역설에 대한 헴펠의 진단

헴펠을 따라 보편 가설을 정식화하는 방식에서도 잘못을 찾을 수 없
다면, 역설을 피할 방도는 없는 것 같다. 우리는 역설적 결과를 받아들
여야 할까? 헴펠의 대답은 그렇다는 것이다. 하지만 헴펠의 진단에 따
르면, 역설적 결과라는 인상은 '잘못된 직관'에 근거한 '심리적 환상'
이다. 왜 그렇게 주장하는지를 살펴보기로 하자.

헴펠은 '빨간 연필'과 같은 사례 d도 "까마귀는 모두 검다"는 까마
귀 가설을 입증한다고 주장한다. 그는 다음 가설을 예로 들어 이 점을
설명한다.

나트륨 염은 모두 노란색을 내며 탄다.

실험실에서 우리가 나트륨 염이라고는 전혀 들어 있지 않다는 것을 잘
알고 있는 얼음 조각을 태워 보았더니 노란색을 내며 타지 않았다는 사

실을 관찰했다고 해 보자. 이 증거는 앞의 가설을 입증하지 않는다고 생각할 것이다. 헴펠도 이에 동의한다. 헴펠은 이 상황을 다음 상황과 대비해 보라고 말한다. 우리가 나트륨 염을 포함하고 있는지 여부를 모르는 어떤 물질을 태워 보았는데 그것은 노란색을 내며 타지 않았으며, 그 물질의 성분을 분석해 보았더니 나트륨 염은 전혀 포함되어 있지 않음이 드러났다. 이 경우는 어떤가? 헴펠에 따르면, 이 경우 이 실험 결과는 원래의 가설을 지지해 준다고 생각하는 것이 옳다. 둘 사이의 차이는 우리가 태워 본 물질이 나트륨 염을 포함하고 있다는 점을 사전에 이미 알고 있었는지 여부이다.

이 차이를 까마귀 가설에 적용해 보자. 앞서 우리는 '빨간 연필'이 까마귀 가설을 입증한다는 것은 터무니없다고 생각했다. 연필을 조사해 그것이 빨간색임을 확인한 다음 이 증거가 "까마귀는 모두 검다"는 주장을 지지한다고 말한다면 이는 터무니없어 보인다. 그런데 다음과 같은 상황을 생각해 보자. 어떤 것이 저쪽 귀퉁이에 놓여 있는데 무엇에 가려져 있어서 빨간색을 띤 일부만 보인다고 하자. 우리가 가까이 가서 그것을 직접 확인해 보았더니 까마귀가 아니라 빨간색의 커다란 연필로 밝혀졌다고 해 보자. 이 경우라면 어떤가? 우리는 이 증거가 까마귀 가설을 입증한다고 생각할 것이다.

두 예를 통해, S도 아니고 P도 아닌 대상은 왜 "S는 모두 P이다"는 보편 가설을 입증하지 않는 것처럼 보이는지 그 일반적 구조가 드러났다. 입증하지 않는 것처럼 보이는 이유는 P가 아닌 그 대상이 S가 아님을 우리가 이미 알고 있었기 때문이다. 이런 '부가적 정보'를 감안할 경우에는 P가 아닌 그 대상이 S라는 성질을 갖지 않는다는 정보는 애초의 가설과 관련해 아무런 새로운 증거도 되지 못한다. 왜냐하면 그 점은 우리가 이미 알고 있던 사실이기 때문이다. 하지만 입증 사례인지를 정할 때는 그런 부가적 정보를 끌어들이지 말고 판단해야 한다는 것이 헴펠의 주장이다. 그렇게 한다면, P가 아닌 대상을 확인했더니 실제로 그것이 S가 아님이 밝혀졌을 경우 그 증거는 애초의 가설을 입증한다고 할 수 있다는 것이다.

검은 까마귀인 a는 까마귀 가설을 입증하지만 검지도 않고 까마귀도 아닌 대상 d는 까마귀 가설을 입증하지 않는다고 잘못 생각하게 되는 또 다른 이유도 여기서 살펴보고 넘어가기로 하자(이 설명은 헴펠이 원래 논문에 붙인 '후기'에서 제시한 것이다). d가 까마귀 가설의 입증 사례라는 점을 받아들이기가 어려운 이유 가운데 하나는 아마도 a와 d는 아주 다른 사례로 생각되기 때문일 것이다. 사실 a와 d 사이에는 차이가 있다고 할 수 있다. 하지만 그 차이는 **입증의 정도의 차이**이지, **입증 여부의 차이**가 아니라는 것이 헴펠의 지적이다. 까마귀 가설의 경우, a가 그 가설을 입증해 주는 정도가 d가 그 가설을 입증해 주는 정도보다 크다고 할 수 있다. 그런 정도의 차이가 나는 이유는 아마 까마귀인 대상의 수보다 검지 않은 대상의 수가 훨씬 많기 때문일 것이다. 상대적으로 적은 수의 대상들인 까마귀들 가운데서 까마귀 가설에 부합하는 사례를 확인한 증거는 상대적으로 훨씬 더 많은 수의 대상들인 검지 않은 것들 가운데서 까마귀 가설에 부합하는 사례를 확인한 증거보다 더 가치 있는 결과라고 할 수 있다. 바꾸어 말해, a와 견주어 볼 때 d가 까마귀 가설을 입증하는 정도는 미미하다고 할 수 있다. 하지만 헴펠이 잘 지적하고 있듯이, 이 주장은 헴펠의 견해를 반박하는 것이 아니라 그의 견해를 옹호해 주는 것이다. 왜냐하면 약한 정도로 입증하는 사례도 당연히 입증 사례이기 때문이다. 결국 미미하게 입증하는 것을 입증하지 않는 것으로 착각했다는 것이 헴펠의 진단인 셈이다.

3.2 헴펠의 입증 이론

지금까지 우리는 입증의 역설을 논의해 왔다. 그런데 입증 문제에 대한 헴펠의 기여가 역설의 제시와 그 나름의 진단에 그치는 것은 결코 아니다. 도리어 헴펠은 이를 기초로 자신의 입증 이론을 적극적으로 제시하고 있다. 이제 그가 제시한 입증 이론을 살펴보기로 하자.

3.2.1 헴펠의 기획

입증의 역설에 대한 헴펠의 논의로부터 우리는 다음 몇 가지 교훈을 얻을 수 있다. 첫째, 니코드 기준은 모든 형태의 가설에 다 적용할 수 있는 기준은 못 된다는 점에서 매우 제한적이다. 둘째, 동치 조건은 입증이 만족시켜야 할 적합한 조건이다. 셋째, 검지도 않고 까마귀도 아닌 대상도 실제로 까마귀 가설의 입증 사례라고 판정해야 한다. 헴펠의 다음 작업은 이런 결과를 반영하는 자신의 입증 이론을 구축하는 일이다.

헴펠이 입증 이론을 통해 궁극적으로 하고자 하는 일은 입증의 정의를 제시하는 일이다. 다시 말해, 정확히 어느 경우에 증거가 가설을 입증하며, 어느 경우에 반입증하고, 어느 경우에 중립적이라고 할 수 있을지를 엄밀하게 규정하는 일이다. 이를 위해 우선 헴펠은 입증 관계를, 관찰 결과를 기술하는 관찰보고 (문장) E와 가설을 서술하는 가설 문장 H 사이에 성립하는 연역 논리적 함축 관계로 파악하고, 구체적으로 어떤 관계가 성립해야 하는지를 따져 본다.

3.2.2 입증의 적합성 기준

헴펠은 E와 H 사이에 입증하는 관계가 있다고 하려면 우선 다음과 같은 세 가지의 일반적 조건을 만족시켜야 한다고 보고, 이들을 '입증의 적합성 기준'이라 부른다.

첫 번째는 함축 조건이다. 우리는 아래 논의를 위해, 함축한다는 관계를 '⊨'로, 입증한다는 관계를 '≅'로 나타내기로 한다. (기호 '⊨'에 대해서는 〈상자 3-2〉를 참조하라.) 함축 조건은 다음을 말한다.

함축 조건(Entailment Condition):
관찰보고 E가 가설 H를 함축한다면, E는 H를 입증한다.
(E ⊨ H이면, E ≅ H.)

이 조건은 헴펠의 말대로, 함축은 입증의 특별한 경우임을 의미한다. 어떤 증거에 비추어 가설이 참일 수밖에 없다면, 당연히 그 증거는 그 가설을 뒷받침한다고 해야 할 것이다. 그래서 존재 가설의 경우, 특정 대상의 존재가 확보되면 그 증거는 그 가설을 함축하게 되고, 따라서 위의 조건에 따라 그것은 가설을 입증한다고 말할 수 있게 된다. 나아가 가설이 일반 명제가 아니라 단칭 명제 형태인 경우에도 이 조건을 통해 우리는 가령 "a는 검은색이다"는 관찰보고는 "a는 검은색이거나 회색이다"는 가설을 입증한다고 말할 수 있게 된다.

두 번째 조건은 '귀결 조건'이다. 헴펠은 이를 다시 두 가지로 나누는데, 우선 하나는 다음이다.

특수 귀결 조건(Special Consequence Condition):
E가 H를 입증하고 H는 H′을 함축한다면, E는 H′을 입증한다.
(E ≅ H이고 H ⊨ H′이면, E ≅ H′.)

특수 귀결 조건은 어떤 증거가 어떤 가설을 입증한다면, 그 증거는 그보다 '약한' 가설도 마찬가지로 입증한다고 보아야 한다는 규정이다. 이 조건의 직관적 호소력은 가령 어떤 증거가 "모든 금속은 일정 온도에서 녹는다"는 가설을 뒷받침한다면 그 증거는 "모든 구리는 일정 온도에서 녹는다"는 가설도 뒷받침한다고 보아야 한다는 데 있다.

입증의 역설에서 검은 대상은 무엇이든 까마귀 가설을 입증한다고 할 때, 헴펠 자신이 이 특수 귀결 조건을 이미 사용하고 있다는 점은 아주 흥미롭다. 왜냐하면 그는 가령 "k가 검다(Bk)"는 관찰보고는 "모든 것이 검다((x)Bx)"는 가설을 입증하며, 이 증거는 이보다 약한 가설인 "까마귀는 모두 검다((x)(Rx→Bx))"도 입증한다고 말하기 때문이다. 실제로 (x)Bx ⊨ (x)(Rx→Bx)이 성립하므로, 특수 귀결 조건에 따르면 검은 대상은 무엇이든 까마귀 가설을 입증한다고 해야 한다.

귀결 조건의 또 한 가지는 동치 조건이다.

동치 조건 (Equivalence Condition):
E가 H를 입증하고 H와 H′이 동치이면, E는 H′을 입증한다.
(E ≅ H이고 H ⊨ H′이고 H′⊨ H이면, E ≅ H′.)

동치 조건은 앞서 입증의 역설과 관련해 헴펠이 논의했던 그 조건이다. 이 조건의 정당성은 가설의 내용이 중요하지 형식화 방식이 중요한 것은 아니라는 직관에 근거한다. 여기서 주목할 점은 두 가설이 동치일 경우, 이들은 서로의 논리적 귀결이므로 동치 조건이 독립적인 조건일 필요는 없다는 점이다(동치와 관련해서는 〈상자 3-2〉를 참조하라). 앞에 나온 특수 귀결 조건을 만족하면 동치 조건은 저절로 성립하기 때문이다.

귀결 조건과 관련해 헴펠은 다음과 같이 정식화되는 역귀결 조건도 검토한다.

역귀결 조건(Converse Consequence Condition):
E가 H를 입증하고 H′이 H를 함축한다면, E는 H′을 입증한다.
(E ≅ H이고 H′ ⊨ H이면, E ≅ H′.)

특수 귀결 조건과 달리, 이는 어떤 증거가 어떤 가설을 입증한다면 그 증거는 그보다 '강한' 가설도 입증한다고 보아야 한다는 규정이다. 언뜻 보면 역귀결 조건도 설득력이 있어 보인다. 앞에 나온 예를 그대로 들면, 어떤 증거가 "모든 구리는 일정 온도에서 녹는다"는 가설을 입증한다면, 그 증거는 "모든 금속은 일정 온도에서 녹는다"는 그보다 강한 가설도 입증하는 것 같기 때문이다.

하지만 헴펠은 역귀결 조건까지 받아들일 경우, 임의의 증거가 아무 가설이나 다 입증한다는 이상한 결과를 낳는다는 점을 보인다. 이를 보이는 헴펠의 증명은 다음과 같다.

(1) E ⊨ E   논리적 관계
(2) E ≅ E   (1)에서 함축 조건에 의해
(3) E&H ⊨ E   논리적 관계
(4) E ≅ E&H   (2)와 (3)에서 역귀결 조건에 의해
(5) E&H ⊨ H   논리적 관계
(6) E ≅ H   (4)와 (5)에서 특수 귀결 조건에 의해

이 증명에서 E나 H는 모두 임의의 것이므로 결국 우리는 함축 조건, 특수 귀결 조건, 역귀결 조건 셋을 모두 받아들인다면 어떤 증거이든

아무 가설이나 다 입증하고 만다는 결론에 다다르게 되고, 이는 명백히 이상한 결과이다.

그런데 최근 논의에 따르면, 같은 결과를 헴펠과는 다른 방식으로 증명할 수도 있다.

(1) $E \vDash E \lor H$　　　　논리적 관계

(2) $E \cong E \lor H$　　　　(1)에서 함축 조건에 의해

(3) $H \vDash E \lor H$　　　　논리적 관계

(4) $E \cong H$　　　　(2)와 (3)에서 역귀결 조건에 의해

두 번째 증명에서는 세 가지 조건 가운데 특수 귀결 조건은 사용되지 않았고, 함축 조건과 역귀결 조건만을 사용해 같은 결과를 이끌어 내었다.

물론 이 두 결과로부터 우리는 바로 역귀결 조건이 문제가 있다고 단정할 수는 없다. 이 두 증명에는 함축 조건이 같이 쓰이고 있고, 바로 이 조건이 문제의 원인일 수도 있기 때문이다. 하지만 이럴 가능성은 별로 없다는 것을 말해 주는 증명도 있다. 그것은 함축 조건 없이도 또 다른 이상한 결과가 생겨난다는 점을 보여 주는 다음과 같은 증명이다.

(1) $E \cong H$　　　　가정

(2) $H\&H' \vDash H$　　　　논리적 관계

(3) $E \cong H\&H'$　　　　(1)과 (2)에서 역귀결 조건에 의해

(4) $H\&H' \vDash H'$　　　　논리적 관계

(5) $E \cong H'$　　　　(3)과 (4)에서 특수 귀결 조건에 의해

여기서 H'은 임의의 것이므로, 결국 증거 E가 가설 H를 입증할 경우,

그 증거는 아무 가설이나 다 입증하는 결과가 된다.

세 번째 증명에서는 함축 조건이 사용되지 않았다는 점에서뿐만 아니라 이상한 결과의 성격에서도 앞의 두 증명과는 구분된다. 앞의 두 증명에서는 어떤 증거든 아무 가설이나 다 입증한다는 것이 이상한 결과인 반면, 세 번째 증명에서는 어떤 증거가 어떤 가설을 입증한다면 그 증거는 아무 가설이나 다 입증한다는 것이 이상한 결과이다. 다시 말해 세 번째 증명에서의 이상한 결과는 그 증명의 (1) 단계에 분명하게 나와 있듯이 특정한 가정이 성립한다고 할 경우에 나타나는 이상한 결과이다. 어쨌건 지금까지 우리가 본 세 증명에는 모두 역귀결 조건이 공통적으로 쓰이고 있다는 점은 분명하며, 이는 그 조건이 직관적 호소력에도 불구하고 문제가 있는 조건임을 시사해 준다고 할 수 있다.

헴펠이 드는 세 번째 조건은 다음의 일관성 조건이다. (일관성과 관련해서는 〈상자 3-2〉를 참조하라.)

일관성 조건(Consistency Condition):
일관적인 관찰보고들이 H를 입증한다면, 그 관찰보고들은 H와 양립가능하다.

헴펠에 따르면, 함축 조건, 특수 귀결 조건, 그리고 일관성 조건이라는 세 가지 조건이 입증의 정의가 적절한 것이 되려면 반드시 만족시켜야 할 필요조건이다.

3.2.3 전개와 입증의 정의

헴펠의 다음 작업은 입증의 정의를 제시하는 일이다. 여기서 정의할 입증 개념은 앞서 규정한 적합성 조건을 모두 만족하고, 나아가 우리의 직관적 입증 개념을 잘 포착한다는 의미에서 실질적으로 적합한 것이어야 한다. 이런 목표를 달성하려면 입증을 어떻게 규정해야 할까?

헴펠은 두 문장, E와 H 사이에 성립하는 연역 논리적 함축 관계를 이용해 입증 개념을 정의하고자 하므로, 우선 쉽게 생각해 볼 수 있는 방안은 다음 두 가지일 것이다.

　　E가 H를 입증한다.
　　첫째 방안: E는 H를 함축한다.
　　둘째 방안: H는 E를 함축한다.

첫째 방안은 **증거가 가설을 함축**할 경우 그 증거가 가설을 입증한다고 하자는 제안이다. 앞서 함축 조건을 논의할 때 이미 나왔듯이, 이렇게 입증을 정의할 수도 있다. 존재 가설의 경우에는 증거 문장이 가설을 실제로 함축한다고 할 수 있고, 가설이 단칭 주장일 때에는 증거 문장이 가설을 함축하는 경우가 있을 수 있다. 더구나 이 방안을 채택한다면 앞에 나온 적합성 조건을 모두 만족시키게 된다는 점도 사실이다. 하지만 이는 명백히 너무 강한 규정일 것이다. 이 점을 우리는 앞서 나온 까마귀 가설의 예를 통해 쉽게 이해할 수 있다. 우리의 직관은 ‘a는 검은 까마귀이다’ 라는 증거 E: Ba&Ra는 “까마귀는 모두 검다”는 까마귀 가설 H: $(x)(Rx \rightarrow Bx)$를 입증한다는 것이다. 하지만 이 증거 문장은 그 가설을 함축하지 않는다.

　　$Ba\&Ra \nvDash (x)(Rx \rightarrow Bx)$

이는 첫째 방안을 채택한다면, 실질적으로 적합한 정의라고 볼 수 없다는 점을 말해 준다. 우리는 대개 증거와 가설 사이에 성립하는 입증 관계를 연역적인 함축 관계보다 약한 귀납적 관계라고 생각한다.

그러면 둘째 방안은 어떤가? 이 방안은 **가설이 증거를 함축**할 때 그 증거는 가설을 입증한다고 하자는 제안이다. 이 방식은 2장에서 다룬 '가설연역법의 입증 이론'과 비슷하다. 앞 장의 설명에 따르면, 가설과 배경지식이 결합되어 증거를 함축하고 배경지식만으로는 해당 증거가 함축되지 않을 때 증거는 가설을 입증한다. 즉 가설연역법의 입증 이론은 가설로부터 함축되는 증거에 의해서 가설의 입증 여부를 규정한다. 그러면 이런 제안은 적합한가? 이 질문에 답하기 위해, 앞의 까마귀 가설을 다시 살펴보자. 우리는 이 경우에도 그 가설이 증거 문장을 함축하지는 않는다는 것을 알 수 있다.

$$(x)(Rx \rightarrow Bx) \nvDash Ra\&Ba$$

하지만 우리의 일상적 직관은 검은 까마귀 a가 까마귀 가설을 입증한다는 것이다. 그런데 둘째 방안처럼 입증을 정의한다면 우리는 이렇게 말할 수 없게 된다. 따라서 둘째 방안도 실질적으로 적합한 입증의 정의일 수 없다는 점을 알 수 있다.

그러면 어떻게 해야 할까? 앞서 보았듯이, 보통은 증거가 가설을 바로 함축하는 것도 아니고 가설이 증거를 바로 함축하는 것도 아니다. 헴펠의 묘안은 다음 두 사실에 주목하는 것이었다.

$$(x)(Rx \rightarrow Bx) \vDash Ra \rightarrow Ba$$
$$Ra\&Ba \vDash Ra \rightarrow Ba$$

첫 번째 식은 까마귀 가설이 증거 문장 'Ra&Ba'를 함축하지는 않지만 'Ra→Ba'는 함축한다는 것을 보여 준다. 두 번째 식은 증거 문장 'Ra&Ba'가 앞에 나온 'Ra→Ba'를 함축한다는 것을 보여 준다. 그러면 'Ra→Ba'는 무엇인가? 이것은 "a가 까마귀라면 그것은 검다"는 것을 말하는 조건부 주장이다. 대략 말하면 이는 증거 문장에 나오는 특정 대상 a에 관해 까마귀 가설이 말해 주는 바를 표현한 것이라고 할 수 있다. 즉 까마귀 가설이 a에 관해 함축하는 바를 나타낸 것이다. 헴펠은 이것을 가리키기 위해 '전개(development)'라는 전문 용어를 도입한다.

이제 헴펠 자신이 드는 예를 그대로 써서 '전개'라는 개념을 좀 더 설명해 보기로 하자. 먼저 보편 가설 형태인 다음 가설에서 출발해 보자.

H_4: $(x)(Px \lor Qx)$

이 가설이 참이라면 이는 개별 대상 a, b와 관련해 어떤 것을 말하겠는가? 바꾸어 말해, 이 가설이 참이라면 어떤 것이 성립할까? 그것은 $(Pa \lor Qa)\&(Pb \lor Qb)$를 말할 것이다. 헴펠은 이 주장을 '개별 대상 a, b에 대한 가설 H_4의 전개'라고 부른다. 이번에는 다음의 존재 가설을 생각해 보자.

H_5: $(\exists x)Px$

이 가설이 참일 경우 이는 개별 대상 a, b와 관련해 어떤 것을 말하겠는가? 그것은 $Pa \lor Pb$가 성립한다는 것을 말할 것이다. 헴펠은 이를 '개별 대상 a, b에 대한 가설 H_5의 전개'라고 부른다. 기호논리학을 접해

본 사람이라면, 여기서 보편 양화사가 붙은 가설의 전개는 연언 형태인 반면 존재 양화사가 붙은 가설의 전개는 선언 형태라는 점을 바로 알 수 있을 것이다. 이런 차이는 보편 가설과 존재 가설의 주장 차이에 기인한다.

〈상자 3-6〉 보편 양화 문장과 존재 양화 문장

3.3.1에서 설명한 것과 같이 보편 양화 문장과 존재 양화 문장은 도메인 혹은 논의 세계라는 것과 밀접하게 관련이 있다. 가령, 개체 a, b, c만으로 구성된 도메인을 생각해 보자. 즉 이 도메인에는 개체 a, b, c만 있고 그 외에는 아무것도 없다. 이제 '모든 것은 질량이 있다'는 문장을 생각해 보자. 이는 분명 보편 양화 문장이다. 그러면 a, b, c만으로 이루어진 도메인에서 위 문장은 'a는 질량이 있고, b는 질량이 있고, c는 질량이 있다'는 것과 같은 말이 된다. 즉 해당 보편 양화 문장은 개체들에 대한 문장들을 연언 기호로 묶은 긴 연언이 된다. 한편 '몇몇은 색깔이 있다'는 문장은 어떤가? 이는 분명 존재 양화 문장이다. 그러면 a, b, c만으로 이루어진 도메인에서 위 문장은 'a는 색깔이 있거나, b는 색깔이 있거나, c는 색깔이 있다'는 것과 같은 말이 된다. 즉 해당 존재 양화 문장은 개체들에 대한 문장들을 선언 기호로 묶은 긴 선언이 된다.

전개 개념과 관련해, 마지막으로 이야기할 것은 만약 가설이 보편 가설이나 존재 가설과 같은 일반 명제가 아니라면 어떻게 되는가 하는 점이다. H가 일반 명제가 아닐 경우에는 그 가설 자체를 전개로 간주한다. 따라서 다음 가설의 경우,

H_6: $Pc \lor Qc$

이 가설의 전개는 가설 그 자체인 $Pc \lor Qc$가 된다. 지금까지의 설명을 표로 정리하면 다음과 같다.

형태	가설	관찰보고에 나오는 개별 대상	전개 ①
보편 가설	H_4: $(x)(Px \lor Qx)$	a, b	$(Pa \lor Qa)\&(Pb \lor Qb)$
존재 가설	H_5: $(\exists x)Px$	a, b	$Pa \lor Pb$
단칭 명제	H_6: $Pc \lor Qc$	a, b	$Pc \lor Qc$

다시 한 번 헴펠이 도입하는 전문적인 개념인 '전개' 개념을 쉽게 설명하자면, 전개란 관찰보고에 나오는 개별 대상들에 관해 가설이 주장하는 바를 나타낸 것이라고 할 수 있다. 그러므로 전개란 늘 관찰보고에 나오는 개별 대상에 상대적이다. 즉 특정한 개별 대상을 두고 그 대상들의 전개를 거론할 수 있다. 나아가 전개는 늘 개별 대상들에 관한 주장들의 묶음이라는 특징을 지니며, 그것은 양화사가 등장하는 일반 명제일 수 없음을 알 수 있다.

헴펠은 전개 개념을 이용하여 단계적으로 입증 개념을 정의한다. 먼저 헴펠은 예비적 단계로 '직접적으로 입증한다'는 것을 다음과 같이 정의한다.

직접 입증의 정의:
E가 H를 직접적으로 입증한다 ($E \cong_d H$).
=df.   E가 E에 대한 H의 전개를 함축한다 ($E \vDash ①_EH$).

여기서 '≅_d'는 입증을 정의하기 전 단계인 '직접적으로 입증한다'는 관계를 나타낸다. ⓓ_E H는 앞서 도입한 H의 전개로, 증거 문장 E에 나오는 개별 대상에 관해서 원래의 가설 H가 주장하는 바를 묶은 것을 나타낸다. 이 예비 단계의 정의에서 주목할 것은 두 가지이다. 첫째, 헴펠이 함축 개념을 이용해 직접 입증을 정의한다는 점이다. 이는 헴펠이 순수한 연역 논리적 개념을 사용해 입증 개념을 정의하고자 한다는 의미이다. 둘째, 증거가 가설 H를 함축하는 것이 아니라 (E에 대한) H의 **전개**를 함축하는 것으로 정의한다는 점이다(혼란을 일으키지 않는다면, 표현을 단순화하기 위해서 'E에 대한 H의 전개'를 그냥 'H의 전개'로 줄여 나타낼 것이다. 마찬가지로 맥락상 E가 무엇인지 분명한 경우 'ⓓ_E H' 역시 'ⓓH'로 단순하게 표현할 것이다).

그런데 이 정의는 아직 만족스럽지 않다. 이를 확인하기 위해 다음의 증거를 살펴보자.

E: Pa&Qb

직접 입증의 정의에 따를 때, E는 H_4: (x)(Px∨Qx)를 직접 입증한다. 왜냐하면 H_4의 전개 ⓓH_4는 (Pa∨Qa)&(Pb∨Qb)인데, 다음이 성립하기 때문이다.

Pa&Qb ⊨ (Pa∨Qa)&(Pb∨Qb)

물론 같은 증거 E는 H_5: (∃x)Px도 직접 입증한다. 왜냐하면 H_5의 전개 ⓓH_5는 Pa∨Pb인데, 다음이 성립하기 때문이다.

$Pa \& Qb \vDash Pa \lor Pb$

그러면 이 증거 E는 H_6: $Pc \lor Qc$과 관련해서는 어떤가? 직접 입증의 정의에 따를 때, 이 증거는 H_6을 직접 입증하지 않는다. 왜냐하면 H_6의 전개 ①H_6은 $Pc \lor Qc$, 즉 H_6 자체인데, 증거 E는 이 전개를 함축하지 않기 때문이다.

$Pa \& Qb \nvDash Pc \lor Qc$

하지만 H_6: $Pc \lor Qc$은 H_4: $(x)(Px \lor Qx)$의 논리적 귀결이다. 즉 다음이 성립한다.

$(x)(Px \lor Qx) \vDash Pc \lor Qc$

이는 곧 우리가 입증을 직접 입증으로만 정의하면 앞서 살펴본 적합성 조건 가운데 하나인 특수 귀결 조건을 위반하게 된다는 의미이다. 왜냐하면 E는 가설 H_4를 직접 입증하지만 이 가설이 함축하는 가설, 즉 이 가설의 논리적 귀결인 가설 H_6은 직접 입증하지 않기 때문이다.

이런 난점을 보완해서 헴펠은 입증을 최종적으로 다음과 같이 정의한다.

헴펠의 입증 정의:
E가 H를 입증한다($E \cong H$).
   =df.   어떤 S에 대해, $E \vDash$ ①S이고 $S \vDash H$.

이 정의는 앞서의 직접 입증 개념을 여전히 바탕으로 하고 있다는 점을 주목하라. 왜냐하면 E가 S의 전개를 함축한다는 것(즉 E ⊨ ⒟S)은 앞의 정의에 따를 때 E가 S를 직접 입증한다는 의미이기 때문이다.

이 정의의 의미를 좀 더 천착해 보기로 하자. 첫째, 이 정의에 따르면, 증거 E가 H를 **직접 입증**할 경우 그 증거는 H를 **입증**하게 된다. 그 이유는 입증의 정의에 나오는 S를 원래의 H로 잡으면 입증의 정의를 만족시키기 때문이다. 즉 우리는 다음이 성립한다는 것을 쉽게 알 수 있다.

E ⊨ ⒟H이고 H ⊨ H.

여기서 왼편은 가정상 E가 H를 직접 입증한다고 했으므로 성립하며, 오른쪽도 명백히 성립하기 때문이다.

둘째, 이 정의는 증거 E가 가설 H를 직접 입증하지 않더라도 입증 관계를 지닐 수 있도록 만들어졌다. 앞서 본 것처럼, 증거 E: Pa&Qb 는 가설 H_6: Pc∨Qc을 직접 입증하지 않는다. 하지만 우리는 이들 사이에도 입증 관계가 성립한다고 말하고 싶어 한다. 헴펠의 발상은 그 경우 원래의 가설 H를 매개하는 새로운 가설 S가 있어서 적절한 조건을 만족하면 H를 입증한다고 말할 수 있다는 것이다. 여기서 적절한 조건이란 정의에 나와 있는 다음 두 가지이다. (i) 증거 E는 새로운 가설 S의 전개를 함축해야 하며(E ⊨ ⒟S), 또한 (ii) 새로운 가설 S는 원래의 가설 H를 함축해야 한다(S ⊨ H)는 것이다. 전자는 물론 증거 E가 새로운 가설 S를 직접 입증해야 한다는 의미이다.

이제 이 정의에 따를 때 앞에서 특수 귀결 조건을 위반하게 되는 문제점이 해결되었는지 확인해 보자. 문제의 증거 E와 가설 H는 각각 다음이었다.

E : $Pa \& Qb$

H_6 : $Pc \lor Qc$

S를 다음으로 잡아 보자.

S : $(x)(Px \lor Qx)$

이때 증거 문장에 나오는 개별 대상 a와 b에 대한 S의 전개, 즉 ①S는 다음이다.

①S : $(Pa \lor Qa) \& (Pb \lor Qb)$

이 경우 입증의 정의에 나오는 두 가지 조건인 E ⊨ ①S이고 S ⊨ H가 다음과 같이 모두 성립한다는 점을 쉽게 알 수 있다.

$Pa \& Qb$ ⊨ $(Pa \lor Qa) \& (Pb \lor Qb)$

$(x)(Px \lor Qx)$ ⊨ $Pc \lor Qc$

따라서 증거 E는 이제 H_6을 입증한다고 말할 수 있다. 특수 귀결 조건을 지키게 된 것임은 물론이다.

　나머지 작업은 입증 개념을 기초로 반입증과 중립성을 정의하는 것이다. 이들 작업은 다음과 같이 진행된다.

헴펠의 반입증 정의:

E가 H를 반입증한다.

=df.   E는 H의 부정을 입증한다. $(E \cong \sim H)$

헴펠의 중립성 정의:

E는 H와 중립적이다.

=df.   E는 H를 입증하지도 않고 반입증하지도 않는다.

$(E \not\cong H)\&(E \not\cong \sim H)$

끝으로, 헴펠의 입증 이론을 애초의 까마귀 가설에 적용해 보자. 까마귀 가설 H: $(x)(Rx \to Bx)$와 관련해 우리가 수집한 증거는 다음이라고 해 보자.

E: $(Ra\&Ba)\&(\sim Rc\&Bc)\&(\sim Rd\&\sim Bd).$

이 경우 여기 나오는 개별 대상 a, c, d에 대한 까마귀 가설의 전개는 다음과 같다.

①H: $(Ra \to Ba)\&(Rc \to Bc)\&(Rd \to Bd)$

그런데 다음이 명백히 성립한다.

$(Ra\&Ba)\&(\sim Rc\&Bc)\&(\sim Rd\&\sim Bd)$

$\vDash (Ra \to Ba)\&(Rc \to Bc)\&(Rd \to Bd)$

따라서 증거 E는 까마귀 가설을 **직접 입증**하며, 아울러 우리가 S를 원래의 H로 잡을 경우 그것들은 까마귀 가설을 **입증**한다.

한편 다음 증거를 생각해 보자.

E: Rb&~Bb

이 증거가 까마귀 가설 H의 부정을 입증하는지 살펴보자. "까마귀는 모두 검다"는 것의 부정은 "까마귀 중에 검지 않은 것이 있다"는 것이다. 이것을 기호로 표현하면 다음과 같다.

~H: (∃x)(Rx&~Bx)

개별 대상 b에 대한 이 가설의 전개는 다음과 같다.

①~H: Rb&~Bb

그런데 다음이 명백히 성립한다.

Rb&~Bb ⊨ Rb&~Bb

따라서 증거 Rb&~Bb는 까마귀 가설의 부정 ~H를 **직접 입증**하며, 또한 그것을 **입증**한다. 그러므로 그것은 까마귀 가설을 **반입증**한다.

나아가 우리는 이 증거 E: Rb&~Bb는 다음에 발견될 까마귀가 검다는 가설 H_7: Re→Be을 반입증한다는 점도 쉽게 확인할 수 있다. 이 가설의 부정은 다음과 같다.

〈상자 3-7〉 가설연역법의 입증 이론과 헴펠의 입증 이론

2장에서 설명한 가설연역법의 입증 이론은 헴펠의 입증 이론과 어떤 차이가 있는가? 두 입증 이론의 차이를 까마귀 역설과 관련해 생각해 보자. 우선, 까마귀 가설(H)은 다양한 증거들에 대해서 다음과 같은 논리적 관계를 가지고 있다는 사실에 주목하자.

증거 E	H는 E를 함축하는가?	H는 ~E를 함축하는가?
Ra&Ba	아니오	아니오
Rb&~Bb	아니오	예
~Rc&Bc	아니오	아니오
~Rd&~Bd	아니오	아니오

2장에서 다루었듯이, 가설연역법의 입증 이론에 따르면 가설이 증거를 함축할 때, 해당 증거는 해당 가설을 입증한다. 그리고 가설이 증거의 부정을 함축할 때, 해당 증거는 해당 가설을 반입증한다. 이에 (위 표가 잘 보여 주듯이) 가설연역법의 입증 이론은 Rb&~Bb가 H를 반입증한다고만 말해 줄 뿐, 나머지의 경우에 대해서는 입증한다고도, 반입증한다고도 말해 주지 않는다. 하지만 헴펠의 입증 이론은 그렇지 않다. (이런 설명과 본문의 내용에 근거해) 가설연역법의 입증 이론과 헴펠의 입증 이론이 어떻게 까마귀 역설을 다루는지는 다음과 같이 요약할 수 있다.

증거 E	가설연역법의 입증 이론	헴펠의 입증 이론
Ra&Ba	중립	입증
Rb&~Bb	반입증	반입증
~Rc&Bc	중립	입증
~Rd&~Bd	중립	입증

~H$_7$: Re&~Be

증거 E: Rb&~Bb가 위의 가설을 직접 입증하지는 않는다. 왜냐하면 그 증거가 이 가설의 전개, 즉 그 자체를 함축하지는 않기 때문이다. 하지만 S를 다음과 같이 잡아 보자.

S: (x)(Rx&~Bx)

이때 증거 E에 나오는 개별 대상에 대한 S의 전개는 다음과 같다.

①S: Rb&~Bb

이제 우리는 입증의 정의에 나오는 두 가지 조건인 E ⊨ ①S이고 S ⊨ H가 다음과 같이 모두 성립한다는 점을 쉽게 알 수 있다.

Rb&~Bb ⊨ Rb&~Bb
(x)(Rx&~Bx) ⊨ Re&~Be

따라서 증거 E는 ~H$_7$을 입증하므로, 가설 H$_7$: Re→Be를 반입증한다는 점을 알 수 있다.

헴펠은 자신의 정의가 니코드 기준이 지녔던 난점을 벗어나 어떤 형태의 가설에도 적용될 뿐만 아니라 앞에 나온 입증의 적합성 기준을 만족하며, 나아가 우리가 지닌 직관적인 입증 개념을 잘 포착한다는 의미에서 '실질적으로 적합한' 정의라고 주장한다. 하지만 그는 1964년에 붙인 '후기'에서 이 정의가 완전히 만족스러운 것은 아님을 인정한다.

이후 헴펠은 자신의 정의가 "너무 넓지는 않지만 너무 좁다"는 카르납의 평가에 동의하며, 그것이 입증의 필요조건은 아닐지라도 충분조건은 된다고 생각한다.

이상의 논의를 통해 우리는 헴펠의 기획은 어떤 사례가 입증 사례인지를 판가름해 줄 수 있는 분류적인 입증 개념을 확보하려는 것임을 알 수 있다. 이런 입증 개념을 정성적 혹은 질적 입증 개념이라고 부르기도 한다. 이는 입증의 정도를 측정하거나 입증 정도의 상대적 크기를 비교할 수 있는 정량적 혹은 양적 입증 개념을 확보하고자 하는 기획과는 구분된다. 헴펠은 정성적 입증 개념이 더 우선적이며 그것을 더 근본적인 것으로 여겨야 한다고 보고, 이 문제를 탐구했다. (이에 반해 다음 장에서 살펴볼 베이즈주의는 정량적 입증 개념을 확보하려는 기획이라고 할 수 있다.)

이 차이와 연관해 또 한 가지 주목할 점은 헴펠이 입증 관계를 사례와 가설 둘 사이의 관계, 즉 관찰보고와 가설 문장이라는 둘 사이의 관계로 파악해야 한다고 보았다는 점이다. 입증의 역설에 대한 헴펠의 입장에서 잘 드러났듯이, 그는 그 둘 사이의 관계를 고려할 때 '부가적 지식'을 개입시켜서는 안 된다고 강조했다. 하지만 입증 관계를 이처럼 〈관찰보고, 가설 문장〉 둘 사이의 관계로 보지 않고, 〈관찰보고, 가설, 배경지식〉 셋 사이의 관계로 보고 이론을 세울 수도 있다. 최근의 일부 학자들은 이런 관점에서 헴펠 식의 입증 이론을 정립하려고 한다.

마지막으로, 헴펠이 증거 문장, 가설 문장, 전개라고 하는 문장들 사이의 논리적 귀결 관계, 즉 함축 관계('⊨'로 표현했던 관계)를 이용해 입증을 정의하고 있다는 점도 주목할 만하다. 바로 이런 점에서 헴펠은 순수한 연역 논리적 관계를 이용해 귀납 논리의 관계인 입증을 정의하려는 시도를 하고 있다고 말할 수 있다. 최근 들어 이런 접근 방법이 어떤 문제를 안고 있는지에 관심을 갖는 학자들도 있다.

【더 읽을거리】

• 입증의 역설에 관한 논의의 출발점으로는 우리말로 번역된 헴펠의 다음 논문을 직접 읽어 보는 것이 가장 좋다.

헴펠 (1945), "입증의 논리 연구", 『과학적 설명의 여러 측면 그리고 과학철학에 관한 다른 논문들』, 전영삼, 여영서, 이영의, 최원배 옮김 (나남, 2011), pp. 17-94.

• 역설에 관한 초기 논의의 면모를 보려면 다음 두 논문이 좋다.

Mackie, J. L. (1963), "The Paradox of Confirmation", *British Journal for the Philosophy of Science* 13, pp. 265-277.

Swinburne, R. G. (1971), "The Paradoxes of Confirmation: A Survey", *American Philosophical Quarterly* 8(4), pp. 318-330.

• 헴펠의 입증 이론을 보려면 앞에 나온 1945년 논문 이외에 다음 논문도 참조하는 것이 좋다.

Hempel, C. G. (1943), "A Purely Syntactical Definition of Confirmation", *Journal of Symbolic Logic* 8(4), pp. 122-143.

• 헴펠이 내세우는 적합성 기준과 관련된 논의로는 다음 두 논문을 참

조하는 것이 좋다.

Le Morvan, P. (1999), "The Converse Consequence Condition and Hempelian Qualitative Confirmation", *Philosophy of Science* 66, pp. 448–454.

Moretti, L. (2003), "Why the Converse Consequence Condition cannot be Accepted", *Analysis* 63(4), pp. 297–300.

4

베이즈주의 입증 이론

4.1 증거, 가설, 믿음

증거와 가설 사이에는 다양한 관계가 성립한다. 앞 장에서 살펴보았던 가설연역법의 입증 이론과 헴펠의 입증 이론은 증거와 가설 사이에 성립하는 순수한 연역 논리적 관계, 특히 함축 관계에 크게 의존하고 있다. 하지만 증거와 가설 사이의 관계는 그런 관계에만 국한된 것은 아니다. 증거는 가설에 대한 우리의 믿음을 바꾸기도 한다. 즉 증거와 가설은 우리의 믿음을 매개로 서로 연결될 수 있다.

가령, 철수가 살인 사건 현장에서 민호 신발의 발자국과 유사한 발자국을 발견한 경우를 생각해 보자. 이런 발견은 아마도 민호가 범인이라는 것에 대한 철수의 믿음을 강화할 것이다. 여기서 우리는 "살인 사건 현장에서 민호 신발의 발자국과 유사한 발자국이 발견되었다"는 것을 증거 E라고 부를 수 있을 것이며, "민호가 범인이다"는 것을 가설 H라고 부를 수 있을 것이다. 그럼 이런 사례에서 증거 E는 가설 H에 대한 철수의 믿음을 강화했다고 말할 수 있다. 하지만 가설연역법의 입증 이론과 헴펠의 입증 이론은 증거 E가 가설 H를 입증한다는 판단을 내리기 어렵다.

먼저 가설연역법의 입증 이론을 살펴보자. H가 E를 연역적으로 함축하지 않는다는 것은 분명하다. 따라서 가설연역법의 입증 이론은 E가 H를 입증한다고 말하지 못한다. 그럼 헴펠의 입증 이론은 어떤가? E는 (E에 대한) H의 전개를 함축하는가? 3.2.3절에서 설명했듯이, 가설이 보편 가설이나 존재 가설과 같은 일반 명제가 아닌 경우에 해당 가설의 전개는 그 가설 자체이다. 분명 "민호가 범인이다"는 보편 가설도 존재 가설도 아니다. 따라서 H의 전개는 H 그 자체이다. 물론 E는 H(의 전개)를 함축하지 않는다. 따라서 E는 H를 직접 입증하지 않는다. 그럼 E는 H를 직접 입증하지는 않지만 입증한다고 판정할 수는 없을까? 다른 말로, E가 직접 입증하고, H를 논리적으로 함축하는 어떤 명제 S는 없을까? 비록 지금 설명으로는 불분명하지만, 그런 명제는 존재하지 않는다(나중에 이와 비슷한 사례를 조금 자세히 살펴볼 것이다). 따라서 헴펠의 입증 이론에서는 "살인 사건 현장에서 민호 신발의 발자국과 유사한 발자국이 발견되었다"는 증거가 "민호가 범인이다"는 가설을 입증한다고 말할 수 없다(3장 마지막 부분에서 언급했듯이, 헴펠은 자신의 입증 이론이 입증의 충분조건은 될 수 있지만 필요조건은 아니라고 고백한다. 즉 자신의 입증 이론을 만족하지 않더라도 입증하는 사례가 있다고 말한다. 위 사례가 그런 사례들 중 한 가지일 것이다).

이렇게 "살인 사건 현장에서 민호 신발의 발자국과 유사한 발자국이 발견되었다"라는 증거와 "민호가 범인이다"라는 가설은 엄격한 연역 논리적인 방식으로 연결되지 못했음에도 불구하고 문제의 증거는 해당 가설에 대한 믿음을 증가시키는 방식으로 서로 연결된다. 물론 모든 증거가 가설에 대한 믿음을 강화하는 방식으로 연결되는 것은 아니다. 가령, 철수가 "살인 사건이 일어난 당시 민호는 살인 현장에서 멀리 떨어져 있었다"는 것을 배웠다면 "민호가 범인이다"는 것에 대한 철수의 믿음은 약화된다. 또, 철수가 "오늘 태어난 사람의 수는 짝수이다"는 것을 배웠다고 하더라도 "민호가 범인이다"는 것에 대한 철수의 믿음은 변함이 없을 것이다. 이렇듯, 증거는 가설에 대한 믿음을 강화하기도 하고, 약화하기도 한다. 물론 어떤 증거는 가설에 대한 믿음에 아무런 영향을 미치지 못하기도 한다.

이렇게 입증을 분석하는 데에 연역 논리적 관계만을 이용할 필요는 없다. 위의 사례에서 증거와 가설 사이에는 어떤 연역 논리적 함축 관계가 성립하지 않는다. 그러나 우리는 여전히 해당 증거가 가설을 입증한다고 말할 수 있다. 이번 장의 목표는 위와 같이 '증거, 가설, 믿음 사이의 관계'를 이용해서 입증을 분석하려는 시도를 살펴보고 그것의 장점을 생각해 보는 것이다.

4.2 정량적 입증 이론: 베이즈주의 입증 이론

4.2.1 믿음의 정도와 믿음의 정도의 변화

'증거, 가설, 믿음 사이의 관계'를 이용한 새로운 입증 이론을 제시하기 위해서는 몇 가지가 분명해져야 한다. 앞에서 말한 바에 비추어 보았을 때, 우리는 증거, 가설, 믿음 사이의 관계를 대략적으로 다음 진술과 같이 표현할 수 있다.

(4.2a)   증거 E가 가설 H에 대한 믿음을 강화한다.

이 표현에는 무언가가 생략되어 있다. 믿음은 언제나 '누구의' 믿음이다. 즉 믿음은 언제나 그 믿음을 소유한 주체를 필요로 한다. 이런 믿음의 주체는 흔히 '행위자(agents)'라고 불린다. 그럼 위 진술 (4.2a)는 다음과 같이 바뀌어야 한다.

(4.2b)   증거 E가 가설 H에 대한 행위자 S의 믿음을 강화한다.

그럼 여기서 "가설 H에 대한 믿음을 강화한다"는 것은 무슨 말인가? 이 말은 아마도 "가설 H를 과거에 믿고 있었던 것보다 더 강하게 믿게 되었다"는 것을 의미할 것이다. 곰곰이 생각해 보면, 이 표현은 두 가지 다른 시간에 대응하는 믿음들을 언급하고 있다는 것을 알 수 있다. 그 두 가지는 '과거에 가지고 있었던 H에 대한 믿음'과 '현재에 가지고 있는 H에 대한 믿음'이다. 그럼 "가설 H에 대한 믿음을 강화한다"는 것은 "현재 가지고 있는 H에 대한 믿음의 정도가 과거에 가지고 있었던 H에 대한 믿음의 정도보다 더 커졌다"는 것을 의미한다. 그럼 여기서 현재와 과거를 구분하는 것은 무엇인가? (4.2b)를 생각해 볼 때, 증거 E를 획득한 순간이 바로 그 두 시점을 구분하는 기준이 된다는 것은 분명하다. 즉 증거 E를 획득하기 전의 믿음의 정도가 과거의 것이고, 증거 E를 획득한 이후의 믿음의 정도가 현재의 것이 될 것이다. 그럼 (4.2b)는 다음과 같이 바뀔 수 있다.

(4.2c)   증거 E를 획득한 이후 가설 H에 대한 행위자 S의 믿음의 정도는 증거 E를 획득하기 전 가설 H에 대한 행위자 S의 믿음의 정도보다 커진다.

이 진술이 말하는 바는 분명한가? 일견 분명해 보이기도 하지만, 입증을 분석하기 위해서는 충분하지 않다. 최소한 다음 두 가지가 더 설명되어야 할 것이다. 첫 번째는 '가설 H에 대한 행위자 S의 믿음의 정도'라는 것이 무엇인지 설명되어야 한다. 그리고 그 설명을 바탕으로, '가설 H에 대한 행위자 S의 믿음의 정도가 커진다'는 것이 무엇인지 분명해져야 한다. 즉 우리는 '믿음의 정도'가 무엇이고, '믿음의 정도의 변화'가 어떻게 일어나는지 설명해야 한다. 이제 이 두 가지를 차례로 생각해 보자.

4.2.2 믿음의 정도: 확률

누군가 어느 쪽으로도 치우치지 않은 주사위를 던졌다고 하자. 그리고 영희는 그 결과에 대해서 고민하고 있다고 생각하자. 특히, 영희는 "주사위 던지기에서 1의 눈이 나왔다"는 가설을 고려하고 있다. 이 가설을 A라고 하자. 아직 어떤 정보도 주어지지 않았을 때, 영희는 A를 얼마나 믿어야 할까? 즉 A에 대한 영희의 믿음의 정도는 얼마여야 할까? 아마도, 당신은 어렵지 않게 1/6이라고 말하려 할 것이다. 왜 그런가? 이에 대해서도, 당신은 아마도 주사위 던지기에서 1이 나올 확률이 1/6이기 때문이라고 답할 것이다. 즉 당신은 A에 대한 영희의 믿음의 정도가 얼마여야 하느냐는 질문에 A의 '확률'을 고려하여 답할 것이다. 이렇게 믿음의 정도를 확률이라는 수학적 개념으로 파악하려는 것은 무척 자연스럽다.

그럼 "A에 대한 믿음의 정도는 A의 확률과 같다"는 말은 무슨 말인가? 좀 더 일반적으로 '믿음의 정도가 확률'이라는 것은 무슨 말인가? 수학적으로 "A의 확률은 1/6이다"는 진술은 $P(A) = 1/6$과 같이 표현되기도 한다. '$P(A) = 1/6$'라는 표현을 잘 살펴보자. 이 표현은

'P(_)=...'의 형식을 가지고 있다. 여기서, 빈 자리 '_'에는 명제를 나타내는 기호가 들어가며, 빈 자리 '...'에는 수가 들어간다. 수학에서 'P(_)=...'의 형식을 갖춘 것은 함수라고 불린다. 그리고 이에 대해서 우리는 '함수 P는 _에 있는 명제에 ...에 있는 특정한 수를 할당한다'고 말한다. 이런 수학적인 의미만을 고려해서 말한다면, 확률값이란 명제들에 할당된 수를 말한다. 여기에서 수를 할당하는 함수 P(_)는 확률 함수라고 부르며, 확률 함수에 의해서 명제에 할당된 수는 해당 명제의 확률값이라고 부른다. 즉 "주사위 던지기에서 1의 눈이 나온다", "주사위 던지기에서 2의 눈이 나온다" …, "주사위 던지기에서 6의 눈이 나온다"등의 명제에 특정한 수, 가령 1/6이라는 수를 할당하는 함수는 확률 함수이고 명제 "주사위 던지기에서 1의 눈이 나온다"에 할당된 1/6이라는 수를 해당 명제의 확률값이라고 부른다.

그러나 명제들에 수를 할당하는 함수가 모두 확률 혹은 확률 함수가 되는 것은 아니다. 가령, "주사위 던지기에서 1의 눈이 나온다"는 명제에 –1을 할당하는 함수는 확률이라고 부르지 않는다. 수학적 의미에서 확률값은 0보다 작을 수 없다. 이에 명제에 0보다 작은 –1을 할당하는 함수는 확률 함수가 아니다. 이것이 전부가 아니다. 0보다 크거나 같은 값을 할당한다고 해서 모두 확률 함수라고 불리는 것은 아니다. 확률 함수는 특별한 종류의 명제에 특별한 종류의 값을 할당해야 한다. 여기서 '특별한 종류의 명제'란 필연적인 명제를 말한다. 필연적인 명제란 어떤 경우에도 참일 수밖에 없는 명제, 가령 "주사위 던지기에서는 7보다 작은 수가 나온다"는 것과 같은 명제를 말한다. 이 명제는 주사위 던지기 결과가 어떻든 항상 참일 수밖에 없다. 확률 함수는 이러한 필연적인 명제에 1의 값을 할당해야 한다. 만약 그렇지 않고 필연적인 명제에 1보다 작은 0.9나 1보다 큰 100과 같은 수를 할당하는 함수들은 확률 함수라고 불리지 않는다.

　우리는 지금 명제에 수를 할당하는 어떤 함수가 확률 함수라고 간주될 수 있는 조건들을 살펴보고 있다. 그 조건들 중 하나는 할당된 확률값들이 0보다 작으면 안 된다는 것이며, 또 하나는 필연적인 명제에는 1의 값이 할당되어야 한다는 것이었다. 하지만 이 두 조건으로는 충분하지 않다. 가령, 다음의 세 명제를 생각해 보자.

(i)　주사위 던지기에서 1의 눈이 나온다.
(ii)　주사위 던지기에서 2의 눈이 나온다.
(iii)　주사위 던지기에서 1 또는 2의 눈이 나온다.

일단 명제 (i)와 (ii)는 동시에 참일 수 없다는 사실에 주목하자. 한 번 주사위를 던질 때, 1의 눈이 나옴과 동시에 2의 눈이 나올 수는 없다. 다르게 말하자면, 명제 (i)과 명제 (ii)는 서로 양립불가능하다(몇몇 수학 교과서에는 이를 '배반 사건'이라고 부르기도 한다). 그럼, (i)-(iii)에 어떤 수를 할당하는 함수를 생각해 보자. 그리고 이 함수에 의해서 (i)-(iii) 각각에 할당된 수들 사이에 어떤 관계가 성립하는지 생각해 보자. 확률에 대해서 조금이라도 들어 본 사람들이라면, (iii)에 할당되는 수는 (i)에 할당되는 수와 (ii)에 할당되는 수의 합이라고 생각할 것이다. 실제로, 상식적인 수준에서 확률값을 계산해 본다면 (i)과 (ii)에는 1/6이, (iii)에는 1/3이 할당될 것이다. 이런 점은 확률 함수에 대한 수학적 정의에도 잘 반영되어 있다. 즉 만약 어떤 함수에 의해서 (i)에 할당한 수와 (ii)에 할당한 수의 합이 (iii)에 할당된 수의 합과 다르다면, 그 함수는 확률 함수라고 부르지 않는다.

　지금껏 언급한 (수학적인 의미에서) 확률 함수로 간주되기 위한 세

가지 조건들은 확률 공리(Probability Axioms)라고 불린다. 즉 이 공리
들을 만족하는 방식으로 명제들에 수를 할당하는 함수만을 확률 함수라
고 부른다. 확률 공리들은 다음과 같이 좀 더 엄격하게 표현될 수 있다.

〈확률 공리〉

공리 1:　모든 명제 X에 대해서, $P(X) \geq 0$이다.

공리 2:　모든 필연적인 명제 T에 대해서, $P(T) = 1$이다.

공리 3:　서로 양립불가능한 두 명제 A와 B에 대해서,

$$P(A \vee B) = P(A) + P(B).$$

이제, "믿음의 정도는 확률이다"라는 말을 다시 생각해 보자. 여기서
'정도'는 어떤 양을 나타낸다. 이 양은 수로 표현될 수 있을 것이다. 그
럼 "주사위 던지기에서 1의 눈이 나왔다"는 명제를 믿는 정도 역시 해
당 명제에 수를 할당하는 것으로 생각할 수 있다. 그럼 '믿음의 정도가
확률'이라는 것은 해당 명제에 믿음의 정도를 할당하는 방식이 확률
공리들을 모두 만족시킨다는 것이다. 그럼 공리 1과 공리 2를 따라, 어
떤 명제에 대한 믿음의 정도라도 0 이상이며, 필연적인 명제에 대한 믿
음의 정도로는 1이 할당되어야 한다. 이와 더불어, 공리 3을 따라, 양립
불가능한 두 명제 A와 B가 있을 때, A와 B 각각에 대한 믿음의 정도의
합은 A∨B에 대한 믿음의 정도와 같다.

그럼 우리는 이제 앞 절의 진술 (4.2c)를 좀 더 정확하게 표현할 수
있다. 확률 공리를 만족하는 방식으로 할당된 명제 A에 대한 믿음의
정도를 A에 대한 '신념도(credence)'라고 부르자. 여기서 신념도는 행
위자에 따라서 다르다는 것을 기억할 필요가 있다. 따라서 '행위자 S의
A에 대한 신념도'라고 말하는 것이 좀 더 정확하다. 그럼 '행위자 S의

〈상자 4-1〉확률 함수 P와 신념도 함수 Cr: 수학으로서 확률과 확률 해석

단지 수학적으로만 말하자면, '확률'은 몇 가지 조건들, 즉 확률 공리들을 만족하는 함수를 말한다. 즉 'P(A)가 A의 확률이다'라는 것은 'P(A)가 확률 공리를 만족한다'는 것 이상의 의미는 없다. 하지만 일상적으로 우리는 'P(A)'를 다양한 의미로 해석해서 사용한다. 예를 들어, '동전 던지기에서 앞면이 나올 확률'이라는 표현을 생각해 보자. 어떤 사람들은 이 표현을 동전을 꽤 많이 던졌을 때 앞면이 나오는 빈도로 생각한다(빈도주의). 또 다른 사람들은 이 표현을 동전을 던졌을 때 앞면이 나온다는 것에 대한 믿음의 정도로 생각하기도 한다(주관주의). 그리고 또 어떤 사람들은 그 표현을 동전 던지기에서 앞면이 나오는 성향을 측정한 것으로 생각하기도 한다(성향주의). 이런 다양한 생각들은 하나의 표현 '동전 던지기에서 앞면이 나올 확률'을 다양하게 해석한 것이라고 할 수 있다. 우리가 현재 다루고 있는 베이즈주의자들은 모두 확률을 믿음의 정도로 해석하고 있다. 이런 점에서 베이즈주의자들은 확률 해석에 대한 주관주의자들이라고 말할 수 있다. 이런 점을 고려할 때, 우리는 'P'와 'Cr'의 차이점을 분명히 이해할 수 있다. 확률 함수 P는 아직 해석되지 않은 수학적인 확률 함수를 뜻할 뿐이며, 신념도 함수 Cr은 믿음의 정도로 해석된 확률 함수를 뜻한다.

A에 대한 신념도'를 'Cr(A)'라는 기호로 나타내자. 이 Cr을 신념도 함수라고 부르자. 앞서 언급한 대로, 신념도는 확률 공리를 만족한다. 따라서 다음이 성립한다.

모든 명제 X에 대해서, $Cr(X) \geq 0$이다.

모든 필연적인 명제 T에 대해서, $Cr(T) = 1$이다.

서로 양립불가능한 두 명제 A와 B에 대해서, $Cr(A \lor B) = Cr(A) + Cr(B)$.

이제 진술 (4.2c)를 다시 살펴보자. 앞에서 말했듯이, 이 진술은 두 가지 다른 시간에 가지고 있는 믿음들, 즉 신념도를 언급하고 있다. 이 두 가지 다른 시간을 구분하는 것은 증거 E를 획득한 시점이다. 그럼, 증거 E를 획득하기 전 행위자 S의 신념도 함수를 Cr_{old}라고 하자. 그리고 증거 E를 획득한 이후 행위자 S의 신념도 함수를 Cr_{new}라고 하자. 물론 이 두 가지 신념도 함수는 모두 확률 공리를 만족한다. 그럼, (4.2c)가 말하는 "증거 E를 획득한 이후 가설 H에 대한 행위자 S의 믿음의 정도는 증거 E를 획득하기 전 가설 H에 대한 행위자 S의 믿음의 정도보다 커진다"는 것은 다음과 같이 간단히 수학적으로 표현할 수 있다.

(4.2d) $Cr_{old}(H) < Cr_{new}(H)$.

위 식에서 '$Cr_{old}(H)$'는 E를 배우기 전 행위자 S의 H에 대한 신념도를 나타낸다. 그리고 '$Cr_{new}(H)$'는 E를 배운 이후 행위자 S의 H에 대한 신념도를 나타낸다. 'Cr_{old}'와 'Cr_{new}' 각각은 사전 함수와 사후 함수라고 부른다. 이 진술 (4.2d)는 진술 (4.2a), (4.2b), (4.2c)의 의미를 무척 분명하게 나타내고 있는 것 같다. 하지만 아직도 우리에게는 할 일이 남아 있다.

4.2.3 믿음의 정도의 변화: 조건화

지금까지 우리는 '행위자 S의 명제 H에 대한 믿음의 정도'라는 표현을 어떻게 이해할 수 있는지 분명하게 살펴보았다. 그 결과 우리는 해당 표현을 확률 공리를 만족하는 신념도 함수로 나타낼 수 있었다. 그러나 여기에 하나 더 추가될 것이 있다. 그것은 E를 배우기 전 신념도 함수와 E를 배운 이후 신념도 함수 사이의 관계이다. 즉 E를 배웠을 때 사전 함수가 어떻게 변하는지 말해 주어야 한다. 다른 말로, 사전 함수 Cr_{old}와 사후 함수 Cr_{new} 사이의 관계를 규명해야 한다.

다음 사례를 생각해 보자. 철수는 경찰이다. 그는 이번 살인 사건의 범인을 추적하고 있다. 여러 조사 결과 용의자는 세 명으로 추려졌다. 이 셋 중에 분명히 범인이 있으며, 셋 중 단 한 명만 범인이다. 'A₁'은 용의자 1이 범인이라는 것, 'A₂'는 용의자 2가 범인이라는 것, 'A₃'은 용의자 3이 범인이라는 것을 가리킨다고 하자. 현재까지 모아진 증거에 비추어 철수는 A₁이 참이라는 것을 0.1 정도로 믿고 있다. 한편 A₂와 A₃이 참이라는 것 각각은 0.3과 0.6 정도로 믿고 있다. 그러던 중 용의자 3의 알리바이가 새롭게 밝혀졌다. 즉 A₃이 거짓이라는 것이 밝혀진 것이다. 이에 철수는 A₃이 참이라는 것에 대한 믿음을 0.6에서 0으로 수정하였다. 새롭게 밝혀진 알리바이를 증거 E라고 하자. 그럼 E를 획득하기 전 철수의 신념도(Cr_{old})와 E를 획득한 이후 철수의 신념도 (Cr_{new})는 다음과 같이 나타낼 수 있다.

가설	E를 획득하기 전 신념도	E를 획득한 이후 신념도
A₁	0.1	0.1+x
A₂	0.3	0.3+y
A₃	0.6	0
합계	1	1

위에서 설명되었듯이 철수의 A₃에 대한 신념도는 $Cr_{old}(A_3)$에서

$\text{Cr}_{\text{new}}(A_3)$으로 변경되면서, 그 값은 0.6에서 0으로 바뀌었다. 이제 우리가 결정해야 할 것은 $\text{Cr}_{\text{new}}(A_1)$과 $\text{Cr}_{\text{new}}(A_2)$의 값이다. 이 두 값을 결정할 때, 우리는 몇 가지 조건을 만족해야 한다. 첫 번째는 $\text{Cr}_{\text{new}}(A_1)$과 $\text{Cr}_{\text{new}}(A_2)$는 모두 0보다 작지 않아야 한다는 것이다. 두 번째는 그 둘의 합이 1이 되어야 한다는 것이다. 이 두 조건은 모두 Cr_{new}가 확률함수이기 위해서 만족해야 할 것들이다.

그럼 어떻게 $\text{Cr}_{\text{new}}(A_1)$과 $\text{Cr}_{\text{new}}(A_2)$의 값을 결정해야 할까? 결국 문제는 증거 E에 의해서 사라진 A_3의 신념도, 즉 0.6을 A_1과 A_2의 신념도에 추가로 할당하는 방법을 찾아내는 것이다. 즉 우리가 제시해야 할 것은 위 표에서 x와 y에 해당하는 값을 x+y=0.6이 되도록 결정하는 방법이다. 어떤 방법이 있을까?

이 문제에 대해서 베이즈주의자들은 다음과 같이 답한다.

0.6을 기존 신념도에 비례하도록 나누어 A_1과 A_2에 대한 신념도에 추가하라.

A_1과 A_2의 기존 신념도의 비율은 1:3이다. 따라서 베이즈주의자들의 말을 따를 경우 0.6도 1:3으로 나누어 A_1에는 0.15(=x)를 추가하고, A_2에는 0.45(=y)를 추가해야 한다. 결국 베이즈주의자들에 따르는 신념도의 변화는 다음과 같아진다.

가설	E를 획득하기 전 신념도	E를 획득한 이후 신념도
A_1	0.1	0.25
A_2	0.3	0.75
A_3	0.6	0
합계	1	1

이 방법은 합리적인가? 일견 합리적인 면을 가지고 있는 듯이 보인다. 신념도의 변화는 되도록 증거를 넘어서서는 안 된다. 다르게 말하자면 우리가 알게 된 것 이상으로 신념도를 바꾸어서는 안 된다. 만약 이것을 신념도 변화가 갖추어야 할 조건이라고 생각한다면, 위 베이즈주의자들의 방법은 증거를 획득하기 전에 철수의 신념도가 가지고 있었던 주요 특징들을 보존한다. 가령, A_1과 A_2에 대한 철수의 신념도들의 비율, 즉 1:3은 증거 획득 이전과 이후 동일하게 유지된다. 이외에도 몇 가지 복잡한 특징들이 있으며, 그러한 특징들을 이용해 베이즈주의자들은 자신들의 방법의 합리성을 정당화하려고 한다.

위에서 언급한 베이즈주의자들의 신념도 변화 규칙은 흔히 '조건화(conditionalization)'라고 불린다. 그렇다면 조건화는 일반적으로 어떻게 나타낼 수 있는가? 이를 위해서 우선 확률에 관한 수학적 개념 하나가 필요하다. 그것은 바로 '조건부 확률'이라고 불리는 것이다. 이 조건부 확률이란 특정한 조건 아래에서 해당 명제에 할당된 확률이라고 할 수 있다. (어느 쪽으로도 치우지지 않은) 주사위 던지기에서 홀수의 눈이 나올 확률은 1/2이다. 비슷하게, 주사위 던지기에서 1의 눈이 나올 확률은 1/6이다. 그럼 '주사위 던지기에서 홀수의 눈이 나왔다는 조건 아래에서 1의 눈이 나올 확률'은 얼마인가? 이 확률은 '주사위 던지기에서 1의 눈이 나올 확률'과 다르다. 마찬가지로 이 확률은 '주사위 던지기에서 홀수의 눈이 나오고 1의 눈이 나올 확률'과도 다르다. 이 확률은 홀수의 눈이 실제로 나온 상황을 고려하지 않으며, 그런 결과가 나왔다는 조건을 가정한 뒤 또 다른 결과가 나올 확률을 물어볼 뿐이다. 우리는 이런 확률들을 조건부 확률이라고 부르며, 조건이 포함되지 않은 확률을 비조건부 확률이라고 부른다.

조건부 확률은 흔히 'P(_|...)'와 같은 형식으로 표현된다. 여기에서

〈상자 4-2〉 조건부 확률과 확ee확적 독립성

조건부 확률을 이용해서 우리는 두 명제들 사이의 특별한 관계를 수식으로 나타낼 수 있다. 이는 흔히 '확률적 독립성'이라고 불리는 것으로 다음과 같이 정의된다.

A와 B는 확률적으로 독립적이다 =df. $P(A \& B) = P(A)P(B)$

만약 $P(A) > 0$이면, A와 B가 확률적으로 독립적일 때 $P(B|A) = P(B)$가 성립한다. 마찬가지로 $P(B) > 0$이면, A와 B가 확률적으로 독립적일 때 $P(A|B) = P(A)$가 성립한다. 따라서 $P(A)$와 $P(B)$가 모두 0보다 크다면 다음 세 진술이 모두 동치이며 A와 B가 확률적으로 독립적이라는 것을 나타낸다.

$P(A \& B) = P(A)P(B)$;　$P(A|B) = P(A)$;　$P(B|A) = P(B)$.

이와 더불어 A와 B가 독립적이라면, A와 ~B, ~A와 B, ~A와 ~B 모두 서로 독립적이라는 것도 주목할 만하다. 가령, ($P(A)$가 0과 1 사이의 값이라면) $P(A|B) = P(A)$는 다음과 동치이다.

$P(\sim A|B) = P(\sim A)$;　$P(A|\sim B) = P(A)$;　$P(\sim A|\sim B) = P(\sim A)$;

$P(B|A) = P(B)$;　　　$P(B|\sim A) = P(B)$;　$P(\sim B|A) = P(\sim B)$;

$P(\sim B|\sim A) = P(\sim B)$.

가정된 조건에 해당하는 것은 '...'에 나타나며, 확률 값이 할당되는 명제는 '_'에 나타난다. 따라서 '주사위 던지기에서 1의 눈이 나왔다'는 것이 A이고 '주사위 던지기에서 홀수의 눈이 나왔다'는 것이 B라면, '주사위 던지기에서 홀수의 눈이 나왔다는 조건 아래에서 1의 눈이

나올 확률'은 'P(A|B)'로 표현된다. 그리고 이 조건부 확률은 다음과 같이 비조건부 확률을 이용해서 정의된다.

$$P(A \mid B) = \frac{P(A\&B)}{P(B)}.$$

이 정의에 따라 우리는 P(A|B)를 계산할 수 있다. 앞서 언급했듯이 P(B)는 1/2이다. 그리고 P(A)=1/6이다. 주사위 던지기에서 1의 눈이 나왔다는 것, 즉 A는 주사위 던지기에서 홀수의 눈이 나왔다는 것, 즉 B를 함축한다. 따라서 A&B는 A와 동치이다. 이에 P(A&B)는 P(A)와 같이 1/6이 된다. 이에 P(A|B)=P(A&B)/P(B)=1/3이다.

　앞 절에서 우리의 신념도는 확률을 통해서 나타낼 수 있다고 말했다. 그렇다면, 조건부 확률에 대응하는 우리의 신념도도 있을 것이다. 그 신념도 역시 조건부 신념도라고 부르는 것이 자연스럽다. 그리고 그것은 위의 확률과 관련된 기호법과 정의를 그대로 따를 것이다. 즉 조건부 신념도는 다음과 같이 비조건부 신념도로 정의될 것이다.

$$Cr(A \mid B) = \frac{Cr(A\&B)}{Cr(B)}.$$

여기서 Cr은 특정 행위자가 특정한 시점에 가지고 있는 신념도 함수이다.

　이제 우리의 원래 목적으로 돌아가자. 우리는 Cr_{old}로부터 Cr_{new}로의 믿음 수정을 위한 규칙을 제시하려고 하고 있다. 앞에서 다룬 철수의 사례를 다시 생각해 보자. 그 사례에서 증거 E는 A_3이 거짓이라는 것, 즉 $A_1 \lor A_2$가 참이라는 것이다. 그럼 문제는 $A_1 \lor A_2$가 참이라는 증거 E를 획득했을 때 A_1과 A_2 각각에 대한 새로운 믿음의 정도는 얼마가 되

어야 하는가이다. 이에 대해서 베이즈주의자들은 "0.6을 기존 신념도에 비례하도록 나누어 A_1과 A_2에 대한 신념도에 추가하라"라는 규칙을 제시하였다. 그리고 그 결과 $Cr_{new}(A_1)$과 $Cr_{new}(A_2)$는 각각 0.25와 0.75가 되었다. 그럼 여기서 $Cr_{old}(A_1|A_1 \vee A_2)$와 $Cr_{old}(A_2|A_1 \vee A_2)$의 값, 즉 $Cr_{old}(A_1|E)$와 $Cr_{old}(A_2|E)$의 값을 위 조건부 신념도의 정의에 따라 계산해 보자. 그럼 다음이 성립한다는 것을 알 수 있다.

$$Cr_{new}(A_1) = 0.25 = Cr_{old}(A_1|E).$$
$$Cr_{new}(A_2) = 0.75 = Cr_{old}(A_2|E).$$

즉 "0.6을 기존 신념도에 비례하도록 나누어 A_1과 A_2에 대한 신념도에 추가하라"라는 규칙은 "새로운 신념도를 E를 조건으로 한 기존 조건부 신념도와 같게 하라"라는 규칙과 같은 결과를 산출한다.

이에 철수의 사례에서 등장한 규칙은 다음과 같이 일반적으로 서술할 수 있다.

조건화:
어떤 행위자가 E를 배웠다면, $Cr_{new}(H) = Cr_{old}(H|E)$가 성립한다.

여기서 Cr_{new}는 E를 배운 이후에 해당 행위자가 가지고 있는 신념도 함수이다. 그리고 Cr_{old}는 E를 배우기 전 해당 행위자가 가지고 있던 신념도 함수이다. 말로 표현하자면, 조건화는 '경험에 의해 증거를 획득한 이후 가지게 된 신념도'가 '증거를 조건으로 하는 경험 이전 조건부 신념도'와 같다는 것이다. 즉 증거를 조건으로 만든다는 말이다. 이런 의미에서 위 원칙을 '조건화'라고 부른다.

〈상자 4-3〉 조건화와 그 대안

조건화를 통한 신념도 수정은 언제나 합리적인가? 다음 사례를 생각해 보자. 한 여론조사 기관이 대통령 선거 지지 후보에 대한 여론조사를 실시하였다. 5명의 후보 A_1, A_2, A_3, A_4, A_5가 선거에 나왔으며, 각 후보들은 극좌파(A_1), 중도좌파(A_2), 중도(A_3), 중도우파(A_4), 극우파(A_5)라는 정치 성향을 가지고 있었다. 각 여론조사에서 조사원은 유권자들에게 "$A_1 \sim A_5$ 중 누구에게 투표할 것인가?"라고 묻는다. 이 여론조사 결과를 통해 추론된 각 후보의 지지율은 아래 표의 두 번째 열에 나타나 있다. 그런데, 첫 번째 여론조사 이후, 극우파인 A_5가 사퇴하였다. 그렇다면 A_5 사퇴 이후 각 후보의 지지율은 어떻게 될까? 조건화에 따르면, 그 극우파 후보 A_5의 지지율 0.1을 기존 신념도에 비례하도록 나누어 추가해야 한다. 아래 표의 세 번째 열은 이렇게 조건화를 이용해 수정된 지지율을 나타낸다. 하지만, 이런 추론은 받아들이기 힘들다. 왜냐하면 극우파 후보가 사퇴한 이후 극우파를 지지하던 사람들은 거의 대부분 (극좌, 중도좌파, 중도 후보가 아니라) 중도우파 후보를 지지할 것이기 때문이다. 상황이 이렇다면, 조건화를 따르는 것보다 다음 대안 규칙을 따라 추론하는 것이 더 합리적인 것으로 보인다.

대안 규칙: A_5와 가장 유사한 것에 A_5의 지지율 모두를 추가하고, 나머지에는 어떤 값도 추가하지 말아라.

이 규칙을 따라 수정된 지지율은 아래 표의 마지막 우측 열에 나타나 있다.

지지 후보	A₅ 후보 사퇴 이전 각 후보의 지지율	A₅ 후보 사퇴 이후 각 후보의 지지율	
		조건화	대안 규칙
A1(극좌파)	0.09	0.10	0.09
A2(중도좌파)	0.27	0.30	0.27
A3(중도)	0.36	0.40	0.36
A4(중도우파)	0.18	0.20	0.28
A5(극우파)	0.10	0	0
합계	1	1	1

그럼 조건화 규칙과 대안 규칙 중에서 무엇이 더 좋은 규칙인 듯이 보이는가? 이 두 규칙들을 비교하고 평가하는 것은 우리의 현재 논의 범위를 넘어선다. 여기서 중요한 것은 많은 사람들이 조건화를 합리적 신념도 수정 규칙으로 받아들이지만, 조건화보다 다른 규칙을 사용하는 것이 더 합리적인 것처럼 보이는 사례가 있다는 것 정도이다.

앞에서 우리는 믿음의 정도가 확률 공리를 만족해야 한다고 말했다. 그리고 그렇게 확률 공리를 만족하는 믿음의 정도를 신념도라고 불렀다. 이에 덧붙여 이 절에서는 그런 신념도가 조건화라는 원칙을 통해서 수정되어야 한다고 말했다. 이 두 가지 요소를 받아들이는 입장을 '베이즈주의(Bayesianism)'라고 부른다. 베이즈주의가 귀납 논리나 철학 혹은 인식론에만 국한된 것은 아니다. 통계학, 인지과학, 경제학 등에서도 베이즈주의라고 불리는 학문 분야가 존재하며, 이들 모두 확률 공리를 만족하는 믿음의 정도와 조건화를 이용한 신념도의 갱신을 기본적인 원칙으로 받아들이고 있다.

하지만 우리의 현재 목적은 다양한 학문 분야에서 베이즈주의가 어떤 의미가 있는지 규명하는 것이 아니다. 우리의 목적은 베이즈주의 관점에서 가설과 증거 사이의 관계에 대해 규명하는 것이다. 특히, "증거 E를 획득한 이후 가설 H에 대한 행위자 S의 믿음의 정도는 증거 E를 획득하기 전 가설 H에 대한 행위자 S의 믿음의 정도보다 커진다"를 베이즈주의 관점에서 분석하는 것이 현재 핵심 목표이다. 이는 다음 절에서 제시될 것이다.

4.2.4 베이즈주의 입증 이론

방금 언급했듯이, 우리의 목표는 "증거 E를 획득한 이후 가설 H에 대한 행위자 S의 믿음의 정도는 증거 E를 획득하기 전 가설 H에 대한 행위자 S의 믿음의 정도보다 커진다"를 분석하는 것이다. 4.2.2절에서 우리는 이 진술을 '$Cr_{old}(H) < Cr_{new}(H)$'로 분석하였다. 여기서 Cr_{old}는 E를 획득하기 전 행위자 S의 믿음의 정도를 나타내는 함수이며, Cr_{new}는 E를 획득한 이후 행위자 S의 믿음의 정도를 나타내는 함수이다. 한편, 4.2.3절에서 우리는 Cr_{old}와 Cr_{new} 사이의 관계를 규정하는 조건화 규칙을 제시하였다. 그 규칙에 따르면 $Cr_{new}(H) = Cr_{old}(H|E)$가 성립한다. 그럼 이제 우리는 "증거 E를 획득한 이후 가설 H에 대한 행위자 S의 믿음의 정도는 증거 E를 획득하기 전 가설 H에 대한 행위자 S의 믿음의 정도보다 커진다"를 다음과 같이 분석할 수 있다.

(4.2e)　　$Cr_{old}(H|E) > Cr_{old}(H)$.

여기서 "증거 E를 획득한 이후 가설 H에 대한 행위자 S의 믿음의 정도는 증거 E를 획득하기 전 가설 H에 대한 행위자 S의 믿음의 정도보다 커진다"는 특정 시점을 언급하지 않는다는 사실에 주목하자. 그리고 이 진술은 증거 E를 획득했다는 것을 가정하지도 않는다는 것을 주목하자. 그럼 (4.2e)의 함수를 굳이 E를 배우기 전 함수 Cr_{old}로 제한할 필요는 없다. 즉 우리는 (4.2e)을 다음과 같이 다시 서술할 수 있다.

(4.2f) $Cr(H|E) > Cr(H)$.

여기서 Cr은 어떤 행위자 S가 가지고 있는 신념도 함수를 나타낸다. 조건화 규칙을 염두에 두었을 때, $Cr(H|E)$는 E라는 증거를 획득한 이후의 신념도 함수, 즉 사후 함수라고 부를 수 있을 것이다. 한편 Cr은 사전 함수라고 부를 수 있을 것이다.

이제 우리는 베이즈주의 입증 이론을 제시할 수 있다. 입증 이론을 제시한다는 것은 증거가 가설을 입증하는 기준을 제시하는 것이라고 할 수 있다. 여기서 우리는 증거가 가설을 입증하는 기준을 믿음과 관련된 확률을 이용해 제시하고자 한다. 증거, 가설, 믿음 사이의 관계를 생각할 때, 증거가 가설에 대한 믿음의 정도를 강화할 때 증거가 가설을 입증한다고 말하는 것이 자연스럽다. 마찬가지로 증거가 가설에 대한 믿음의 정도를 약화할 때 증거가 가설을 반입증한다고 부르는 것이 자연스럽다. 더불어 증거가 가설에 대한 믿음의 정도에 영향을 주지 않을 때 해당 증거는 가설에 중립적이라고 부르는 것이 자연스럽다.

〈상자 4-4〉 입증과 배경지식

본문에서 제시된 베이즈주의 입증 이론에는 한 가지 중요한 점이 누락되어 있다. 3장 마지막 부분에서 언급했듯이, 증거가 가설을 입증하는지에 대한 판단은 어떤 배경지식이 주어졌는지에 따라서 달라질 수 있다. 이에 올바른 입증 이론이라면 입증 관계를 〈증거 E, 가설 H〉의 둘 사이의 관계가 아니라 〈증거 E, 가설 H, 배경지식 K〉의 셋 사이의 관계로 분석해야 할 것이다. 그렇다면 우리가 분석해야 할 입증 관계는 "K가 주어졌을 때 E는 H를 입증한다"가 되어야 한다. 다음은 이렇게 배경지식이 고려된 베이즈주의 입증 이론이다.

$Cr(H|E\&K) > Cr(H|K)$이면 K가 주어졌을 때 E는 H를 입증한다.

$Cr(H|E\&K) < Cr(H|K)$이면 K가 주어졌을 때 E는 H를 반입증한다.

$Cr(H|E\&K) = Cr(H|K)$이면 K가 주어졌을 때 E는 H에 중립적이다.

본문의 입증 이론보다 위 입증 이론이 보다 적합한 입증 이론인 것은 분명하다. 하지만 논의의 단순함을 위해서 본문의 입증 이론은 K를 생략하였다.

우리는 앞에서 베이즈주의의 주요 원칙에 따라 "증거가 가설에 대한 믿음의 정도를 강화한다"는 말을 (4.2f)와 같이 분석하였다. 그렇다면 베이즈주의 입증 이론은 다음과 같이 정리될 수 있을 것이다.

베이즈주의 입증 이론

$Cr(H|E) > Cr(H)$이면 E는 H를 입증한다.

$Cr(H|E) < Cr(H)$이면 E는 H를 반입증한다.

$Cr(H|E) = Cr(H)$이면 E는 H에 중립적이다.

이 베이즈주의 입증 이론은 증거와 가설 사이의 관계를 믿음과 연결해

제시하고 있다. 뿐만 아니라 우리의 믿음의 정도는 확률 공리를 만족한
다는 것이 반영되어 있다. Cr이 그런 믿음의 정도, 즉 신념도를 나타낸
다. 그리고 Cr(H)를 Cr(H|E)와 비교한다는 점에서 믿음의 정도가 조
건화를 통해서 수정된다는 것도 반영되어 있다.

　앞의 장들에서 우리는 가설연역법과 헴펠의 입증 이론을 살펴보았
다. 베이즈주의 입증 이론은 그 이론들과 뚜렷이 대비된다. 그들은 증
거와 가설 사이에 성립하는 여러 연역 논리적 함축 관계를 이용해서 입
증 관계를 분석했다. 하지만 베이즈주의 입증 이론은 증거와 가설 사이
의 연역 논리적 함축 관계가 아니라 증거와 가설을 믿음, 그리고 믿음
의 변화를 확률을 통해 연결하는 입증 이론을 제시한다.

　이제 이 베이즈주의 입증 이론의 주요 특징을 생각해 보자. 베이즈주
의 입증 이론이 분명히 드러내는 것처럼, 중요한 것은 Cr(H)와
Cr(H|E) 사이의 관계이다. 특히, Cr(H|E)의 값이 무엇인지가 E가 H
를 입증하는지 여부를 결정하는 데에 중요한 역할을 한다. 그럼 이 조
건부 신념도 Cr(H|E)는 무엇에 의해서 결정되는가? 이 질문에 답하기
위해 우리는 베이즈 정리라고 부르는 다음 식을 고려해야 한다.

베이즈 정리 (1):

$$Cr(H|E) = \frac{Cr(H)Cr(E|H)}{Cr(E)}.$$

이 식은 아직 확률 체계가 수학적으로 완전히 정립되지 않았을 때, 토
마스 베이즈가 제시한 정리이다. 이 정리가 베이즈주의의 주요 특징을
반영하고 있다는 점에서 현재 다루고 있는 입증 이론은 '베이즈'주의
라는 이름으로 불린다.

　그럼 베이즈 정리는 무엇을 말해 주는가? 수학적인 측면만을 고려

〈상자 4-5〉 토마스 베이즈

18세기에 활동한 토마스 베이즈(Thomas Bayes, 1701-1761)는 수학자이자 장로교 성직자였다. 그는 왕립학회의 특별 회원이었으며, 베이즈 정리를 처음으로 제시한 사람으로 알려져 있다. 베이즈는 자신의 이름을 딴 정리가 출판되는 것을 보지 못하고 죽었다. 수학적 의미에서 베이즈 정리는 무척 단순하지만 수학, 통계학, 과학에 큰 영향을 미쳤다. 베이즈는 수학적 확률 이론이 정립되기 훨씬 전에 우리가 현재 조건부 확률이라고 부르는 것, 가령 P(A|B)와 같은 것이 P(A&B)와 P(B)에 의해서 결정될 수 있다는 것, 더 나아가 P(B|A), P(B|~A), P(A)에 의해서 결정될 수 있다는 것을 증명하였다. 이런 증명은 「우연의 원칙으로 하나의 문제를 푸는 것에 관한 시론(An Essay Towards Solving a Problem in the Doctrine of Chances)」이라는 제목의 논문에 담겨 있다. 이 논문은 베이즈가 살아 있을 때 출판되지 못했으며, 훗날 그의 친구인 프라이스(Richard Price, 1723-1791)가 대신해 출판하였다. 프라이스는 베이즈 논문 소개 글에서 베이즈가 해결하고자 했던 문제는 "우연의 원칙에서 단지 호기심을 끄는 하나의 성찰에 불과한 것이 아니라 과거 사실들과, 이후에 일어날 가능성이 있는 것에 관한 우리의 모든 추론에 확실한 기반이 되기 위하여 필수적으로 해결되어야 하는 문제들"(베리 가우어 지음, 박영태 옮김, 『과학의 방법』, p.187에서 재인용)이라고 말했다.

했을 때, 이 식 자체는 그리 흥미롭지 않다. 왜냐하면 확률 공리로부터 간단한 연산을 통해서 쉽게 도출될 수 있는 것이기 때문이다. 하지만 이 정리의 의미는 사소하지 않다. 이 정리는 조건부 신념도

Cr(H|E)가 무엇에 의해서 결정되는지 보여 주고 있다. 즉 위 정리는 Cr(H|E)가 Cr(H), Cr(E), Cr(E|H)에 의해서 결정된다는 것을 보여 준다.

앞에서 Cr(·|E)는 사후 (신념도) 함수라고 불렀다. 그리고 Cr(·)는 사전 (신념도) 함수라고 불렀다. 따라서 Cr(H)와 Cr(E)는 H에 대한 사전 신념도, E에 대한 사전 신념도라고 부를 수 있을 것이다. 신념도 는 확률 공리를 만족하는 믿음의 정도였다. 앞에서 언급했듯이, 믿음의 정도는 늘 누군가의 믿음의 정도이다. 따라서 이 사전 신념도는 주관적 이다. 한편 Cr(E|H)는 통계학에서 우도(likelihood)라고 부르는 것이 다. 많은 철학자들과 통계학자들은, 이 값은 사전 신념도와 달리 객관 적이라고 생각한다. 그 이유는 몇몇 사례를 생각해 보면 다소 분명해 보인다. H를 "모든 까마귀가 검다"는 가설이라고 생각해 보자. 그리고 E를 "이번에 관찰된 까마귀는 검은색이다"는 진술이라고 해 보자. 그 렇다면, 모든 까마귀가 검을 때 이번에 관찰된 까마귀가 검은색일 확률 은 얼마인가? 아마도 모든 사람들이 그 확률값은 1이라고 말할 것이 다. 즉 모든 까마귀가 검다는 조건 아래에서 이번에 관찰된 까마귀가 검다는 것에 대한 모든 사람들의 신념도는 1일 것이다. 모든 사람들이 같은 신념도를 가진다는 점에서, Cr(E|H)의 값은 객관적이다. 또 다른 예를 생각해 볼 수도 있다. 가령, 흰 구슬과 검은 구슬만이 있는 항아리 를 생각해 보자. 그리고 X를 "그 항아리에는 검은 구슬과 흰 구슬이 반 반 씩 들어 있다"는 가설이라고 하자. 또 B를 "이 항아리에서 임의로 뽑은 구슬은 검은색이다"는 진술이라고 하자. 그럼 Cr(B|X)의 값은 얼 마인가? 아마도 모든 사람들이 그 값은 0.5라고 말할 것이다. 다시 한 번, 모든 사람들이 같은 신념도를 가진다는 점에서, Cr(B|X)의 값은 객관적이다.

   그럼, 우리는 H에 대한 사후 신념도는 Cr(H), Cr(E)라는 주관적 요소와 Cr(E|H)라는 객관적 요소에 의해서 결정된다고 말할 수 있을 것이다. 하지만 베이즈 정리를 조금 더 변형하면, 주관적 요소와 객관적 요소가 무엇인지 조금 다르게도 말할 수 있다. 베이즈 정리가 다음과 같이 변형될 수 있다는 점에 주목해 보자.

베이즈 정리 (2):

$$Cr(H|E) = \frac{Cr(H)Cr(E|H)}{Cr(H)Cr(E|H) + (1 - Cr(H))Cr(E|\neg H)}.$$

이 식에 따르면 H의 사후 신념도, 즉 Cr(H|E)는 Cr(H), Cr(E|H), Cr(E|¬H)에 의해서 결정된다. 여기서 Cr(E|H)와 Cr(E|¬H)는 모두 우도라고 불릴 수 있으며, 이에 모두 객관적이라고 말할 수 있다. 한편, 앞에서 제시된 베이즈 정리 (1)과 달리, 이 식은 Cr(H|E)를 결정하는 데에 Cr(E)가 불필요하다는 점을 보여 준다. 즉 주관적인 요소 중에 하나가 제거된다. 하지만 주관적인 요소가 완전히 제거된 것은 아니다. 그것은 주관적 요소인 Cr(H)가 여전히 Cr(H|E)를 결정하는 데 있어 중요한 역할을 하기 때문이다.

   정리하자면, 다음과 같이 말할 수 있다. 베이즈 정리에 따르면 가설에 대한 사후 신념도는 그 가설에 대한 사전 신념도와 우도에 의해서 결정된다. 우도가 객관적이고, 이에 이미 정해져 있는 값이라면, 사후 신념도를 결정하는 데 있어 사전 신념도가 결정적인 역할을 한다. 앞에서 언급했듯이 신념도는 주관적이다. 따라서 사후 신념도를 결정하는 데 있어 사전 신념도라는 주관적인 요소가 핵심적인 역할을 한다고 말할 수 있다.

   베이즈주의 입증 이론은 사후 신념도를 사전 신념도와 비교하여 입증 여부를 판단한다. 그런데 사후 신념도를 결정하는 데 있어 사전 신념도가 중요한 역할을 한다. 따라서 베이즈주의자들이 어떤 증거가 어떤 가설을 입증하는지 여부를 파악하기 위해서는 우선 사전 신념도를 결정해야 한다. 이와 관련해 베이즈주의는 두 가지 문제에 직면할 수밖에 없다. 첫 번째는 사전 신념도를 어떻게 결정하는가의 문제이며, 두 번째는 그렇게 결정된 사전 신념도를 어떻게 정당화하느냐의 문제이다.

만약 이 두 문제에 대한 객관적이고 합리적인 답변이 주어진다면 베이즈주의는 무척 강력한 입증 이론을 제시한다고 말할 수 있을 것이다. 그러나 그 답변은 쉽지 않다. 이에 대해서는 5장에서 다룰 것이다. 하지만 그 전에 이 답변이 제시되었을 때, 베이즈주의 입증 이론이 왜 강력한지 살펴볼 필요가 있다. 나는 앞 장에서 다루었던 '까마귀 역설'을 중심으로 베이즈주의 입증 이론의 강점을 다음 절에서 설명할 것이다.

4.3 베이즈주의 입증 이론의 강점

4.3.1 정성적 입증 이론과 베이즈주의 입증 이론

2장과 3장에서 다룬 가설연역법의 입증 이론과 헴펠 입증 이론은 증거와 가설 사이의 연역 논리적 함축 관계에 의해서 입증 여부를 결정한다. 반면, 앞 절에서 소개한 베이즈주의 입증 이론은 증거, 가설, 믿음 사이의 관계에 의해서 입증 여부를 결정한다. 이때, 증거, 가설, 믿음 사이의 관계는 수학적 확률 이론을 이용하여 규정된다. 그렇다면, 증거와 가설 사이의 논리적 함축 관계와 확률적 관계를 비교해 본다면 헴펠 입증 이론과 베이즈주의 입증 이론 사이의 관계를 어느 정도 파악할 수 있을 것이다.

우리는 이 절에서 연역 논리적 관계와 확률적 관계를 비교하여 가설 연역법, 헴펠 입증 이론, 베이즈주의 입증 이론의 공통점과 차이점을 살펴볼 것이다. 그리고 3장에서 다룬 까마귀 역설을 베이즈주의 입증 이론이 어떻게 다룰 수 있는지 살펴볼 것이다.

연역 논리에 토대를 둔 입증 이론과 베이즈주의 이론 사이의 관계는 몇 가지 전형적인 사례들을 통해서 이해할 수 있다. 예를 들어, "모든 것은 질량과 색을 가진다"는 가설 H*를 생각해 보자. 이 가설은 '(x)(Mx&Cx)'와 같이 기호로 나타낼 수 있을 것이다(여기서 'Mx'는 x가 질량을 가진다는 것을 나타내며, 'Cx'는 x가 색을 가진다는 것을 나타낸다). 그리고 "저 앞에 있는 물체는 질량과 색을 가지고 있다"라는 증거 E*를 생각해 보자. 저 앞에 있는 물체를 'a'로 나타낸다면 E*는 'Ma&Ca'로 나타낼 수 있을 것이다. 여기서 잠깐 가설연역법과 헴펠의 입증 이론을 다시 생각해 보자. 각 이론에 따르면 다음이 성립한다.

- 가설연역법의 입증 이론: H가 E를 함축하면 E는 H를 입증한다.
- 헴펠의 입증 이론: E가 (E에 대한) H의 전개를 함축하면 E는 H를 입증한다.

그럼 증거 E*가 가설 H*를 입증하는지 생각해 보자. 분명 (x)(Mx&Cx)는 Ma&Ca를 함축한다. 따라서 가설연역법의 입증 이론을 따른다면 E*가 H*를 입증한다고 판정할 수 있다. 그리고 Ma&Ca가 주어졌을 때 (x)(Mx&Cx)의 전개는 Ma&Ca가 된다는 사실을 주목하자. 즉 증거 Ma&Ca가 주어졌을 때 가설 (x)(Mx&Cx)의 전개는 증거 그 자체가 된다. 증거 E*는 자기 자신을 함축하기에, 헴펠의 입증 이론에서도 E*가 H*를 입증한다고 말할 수 있다.

그럼 위와 같이 가설 H*가 증거 E*를 논리적으로 함축하는 경우, 베이즈주의 입증 이론은 H*와 E* 사이에 성립하는 입증 관계를 어떻게 규정하는가? 이 질문에 대한 대답은 확률과 논리적 함축 사이의 관계를 이용해서 답할 수 있다.

Cr을 확률 계산 규칙을 만족하는 신념도 함수라고 하자. 그리고 Cr(E*)와 Cr(H*) 모두 1보다 작은 양수라고 하자. 여기에 확률 계산 규칙을 도입하면 다음이 성립한다.

(4.3a)   가설 H*가 증거 E*를 논리적으로 함축한다면
          $Cr(E^*|H^*)=1$이다.

한편 앞 절에서 소개한 베이즈 정리에 따르면 다음이 성립한다.

베이즈 정리:

$$Cr(H^*|E^*) = \frac{Cr(H^*)Cr(E^*|H^*)}{Cr(E^*)}.$$

그럼 (4.3a)와 베이즈 정리에 의해서 $Cr(H^*|E^*)=Cr(H^*)/Cr(E^*)$가 성립한다. 그런데 $Cr(E^*)$는 1보다 작은 양수라고 가정했다. 그러므로 $Cr(H^*|E^*)>Cr(H^*)$라고 결론 내릴 수 있다. 그럼 베이즈주의 입증 이론에 의해서 Ma&Ca가 (x)(Mx&Cx)를 입증한다고 말할 수 있다.

이렇듯 연역 논리를 기반으로 한 입증 이론—가설연역법의 입증 이론과 헴펠의 입증 이론—과 베이즈주의 입증 이론은 증거와 가설 사이의 관계에 대해서 부분적으로 동일한 판단을 내리곤 한다. 하지만 이 둘이 항상 그렇지만은 않다. 이를 이해하기 위해서 공평한 주사위 던지기를 생각해 보자. 특히, 첫 번째 주사위 던지기에서 소수의 눈이

나왔다는 가설 $H_{소수}$와 첫 번째 주사위 던지기에서 홀수의 눈이 나왔다는 증거 $E_{홀수}$를 생각해 보자. $H_{소수}$는 $E_{홀수}$를 논리적으로 함축하지 않는다. 왜냐하면 2라는 눈이 나온 경우, 이것은 소수이지만 홀수는 아니기 때문이다. 따라서 가설연역법은 $E_{홀수}$가 $H_{소수}$를 입증한다고 말할 수 없다.

헴펠의 입증 이론은 어떤가? 헴펠의 입증 이론이 $E_{홀수}$가 $H_{소수}$를 입증한다고 말하기 위해서는 다음을 만족하는 S가 존재해야 한다.

(4.3b) $E_{홀수} \vDash$ ⒟S이고 S $\vDash H_{소수}$.

여기서 ⒟S는 S의 전개를 말한다(3.2.3절 참조). S는 분명 단칭 명제가 아니다. 만약 S가 단칭 명제라면 ⒟S와 S는 동치가 되고, (4.3b)에 의해서 $E_{홀수} \vDash H_{소수}$가 성립한다. 하지만 이는 거짓이다. 그럼 (4.3b)를 만족하는 일반 명제가 있을까? 우선 $H_{소수}$, 즉 첫 번째 주사위 던지기에서 소수의 눈이 나왔다는 것을 함축하는 일반 명제 S를 생각해 보자. 가령, "모든 주사위 던지기에서 소수의 눈이 나온다", "모든 주사위 던지기에서 2의 눈이 나온다", "모든 주사위 던지기에서 3의 눈이 나온다"등과 같은 명제가 S의 후보라고 할 수 있다. 그럼 $E_{홀수}$가 이런 명제들의 전개, 즉 ⒟S를 함축하는지 생각해 보자. $E_{홀수}$가 위에서 예를 든 명제들의 전개, 즉 "첫 번째 주사위 던지기에서 소수의 눈이 나온다", "첫 번째 주사위 던지기에서 2의 눈이 나온다", "첫 번째 주사위 던지기에서 3의 눈이 나온다"를 함축하지 못하는 것은 분명하다. 따라서 예를 든 세 일반 명제들은 (4.3b)를 만족하지 않는다. 물론 위의 설명은 (4.3b)를 만족하는 어떤 명제 S도 없다는 것을 증명한 것은 아니다. 하지만 그런 명제가 있을지는 무척 의심스럽다. 과연, "첫 번째 주사위 던지기에서 홀수가 나왔다"는 것 이상의 정보를 제공하지 않는 명제가 "첫 번째 주사위 던지기에서 소수가 나왔다"는 것을 확정적으로 보장하는 정보를 제공할 수 있을까? 이런 점들을 생각해 볼 때, 헴펠의 입증 이론을 통해 $E_{홀수}$가 $H_{소수}$를 입증한다고 판정하기는 쉬워 보이지 않는다.

그럼 베이즈주의 입증 이론을 살펴보자. 이를 확인하기 위해서는 관련된 신념도를 결정하고 비교해야 한다. 앞서 우리는 던진 주사위가 공평하다는 것을 가정하였다. 따라서 $Cr(H_{소수})$의 값은 2, 3, 5의 눈이 나올 확률, 즉 1/2과 같다. 한편, 나온 수가 소수이자 홀수라는 것에 대한 신념도, 즉 $Cr(H_{소수} \wedge E_{홀수})$의 값은 3, 5의 눈이 나올 확률, 즉 1/3과 같다. 그리고 $Cr(E_{홀수})$는 1, 3, 5의 눈이 나올 확률과 같다. 따라서 확률 계산 규칙에 따르면 다음이 성립한다.

$$Cr(H_{소수} \mid E_{홀수}) = \frac{Cr(H_{소수} \wedge E_{홀수})}{Cr(E_{홀수})} = \frac{2}{3}.$$

바로 앞에서 설명했듯이, $Cr(H_{소수}) = 1/2$이다. 따라서 $Cr(H_{소수} \mid E_{홀수}) > Cr(H_{소수})$이며, 이에 베이즈주의 입증 이론은 홀수가 나왔다는 것은 소수가 나왔다는 것을 입증한다고 판정한다.

이렇듯 연역 논리를 기반으로 한 입증 이론과 베이즈주의 입증 이론은 증거와 가설 사이의 관계에 대해서 부분적으로 일치된 판단을 내리지만 모든 경우에 일치된 판단을 내리는 것은 아니다. 그렇다면 문제는 헴펠의 이론(그리고 가설연역법의 입증 이론)과 베이즈주의의 이론 사이의 불일치가 발생하는 경우, 누구의 손을 들어 주어야 하는가이다. 위의 사례를 다시 생각해 보자. 주사위 던지기에서 홀수가 나왔다는 정보는 주사위 던지기에서 소수가 나왔다는 것을 더 신뢰할 만한 근거의 역할을 하는가? 일견 그런 듯이 보인다. 만약 이런 생각이 옳다면 가설 연역법의 입증 이론보다는 베이즈주의 입증 이론이 증거와 가설 사이의 관계를 보다 잘 규명하는 듯이 보인다.

과연 그런가? 그렇다면 베이즈주의 입증 이론의 우수성을 보여 주는 다른 사례들은 없는가? 베이즈주의자들이 제시하는 대표적인 사례가 바로 까마귀 역설이다. 그들에 따르면, 베이즈주의 입증 이론에서 까마귀 역설은 더 이상 역설이 아니며, 더 나아가 베이즈주의 입증 이론은 그것이 왜 역설적인 것처럼 보이는지도 설명할 수 있다고 한다. 왜 그런가? 이에 대해서는 다음 절에서 살펴볼 것이다.

4.3.2 까마귀 역설 다시 보기: 베이즈주의 안경

앞 장에서 설명한 까마귀 역설을 다시 생각해 보자. 결국 까마귀 역설은 까마귀도 아니고 검지도 않은 사례, 가령 흰 백묵이 관찰되었다는 것이 모든 까마귀는 검다는 것을 입증하게 된다는 것이다. 앞에서 언급한 대로 이 결론은 소위 '동치 조건'과 '니코드 기준'을 전제로 하고 있다. 좀 더 구체적으로, 까마귀 역설의 결론을 도출하는 논증은 다음과 같이 재구성될 수 있다.

전제 1: "검지 않으며 까마귀도 아닌 것이 관찰되었다"는 것은 "모든 검지 않은 것은 까마귀가 아니다"는 가설을 입증한다.

전제 2: "모든 검지 않은 것은 까마귀가 아니다"를 입증하는 것은 "모든 까마귀는 검다"를 입증한다.

결론: 그러므로 "검지 않으며 까마귀가 아닌 것이 관찰되었다"는 것은 "모든 까마귀는 검다"를 입증한다.

위 논증에서 전제 1은 니코드 기준으로부터 도출된 것이며, 전제 2는 동치 조건으로부터 도출된 것이다. 그리고 결론이 역설적인 이유는 검지 않으며 까마귀가 아닌 것, 가령 흰 백묵, 흰 컴퓨터, 녹색 칠판, 붉은 컵 등 당신이 야외에서 직접 조사하지 않고도 관찰할 수 있는 많은 것들이 "모든 까마귀는 검다"라는 의미 있는 조류학적 가설을 입증한다는 것이다. 이 역설에 따르면, "모든 까마귀는 검다"를 검증하기 위해서 밖에 나갈 필요가 없다. 그냥 집에서 책상에 앉아 주변에 검지 않으며 까마귀가 아닌 것만을 찾으면 된다. 이런 결론이 우리의 과학적 상식과 어긋난다는 것은 분명하다. 왜냐하면 우리의 직관에 따르면 흰 백묵과 같은 것들은 까마귀와 관련된 가설과 무관하다, 혹은 그 가설에 중립적인 듯이 보이기 때문이다.

그럼 베이즈주의는 이 까마귀 역설을 어떻게 다루는가? 흥미롭게도 베이즈주의의 표준적인 해결책은 역설적 결론을 받아들이는 것이다. 즉 그 해결책은 다음 두 가지를 인정한다.

B1: Ra&Ba는 $(x)(Rx \rightarrow Bx)$를 입증한다.
B2: $\sim$Ra&$\sim$Ba는 $(x)(Rx \rightarrow Bx)$를 입증한다.

3장에서 다루었듯이, 이것은 헴펠의 입증 이론과 동일한 결론이다. 하지만 베이즈주의는 여기에서 멈추지 않는다. 비록 역설적인 결론, 특히 B2를 받아들이기는 하지만 그들은 B2의 역설적인 면을 많이 완화시켜 우리의 상식과 조화를 시키고자 한다. 어떻게 베이즈주의자들은 까마귀 역설과 관련된 우리의 상식을 구제할 수 있을까?

이 질문에 대한 답은 다른 입증 이론과 베이즈주의 입증 이론 사이의 핵심적인 차이에서 찾을 수 있다. 그 차이는 바로 베이즈주의 입증 이론은 입증을 정도의 문제로 다룰 수 있다는 것이다. 가령, 베이즈주의 입증 이론은 여러 증거가 하나의 가설을 입증할 때 어떤 증거가 해당 가설을 더 많이 입증하는지 비교 판단할 수 있다. 뿐만 아니라 베이즈주의 입증 이론은 해당 증거가 가설을 입증하는 정도가 얼마나 되는지 정량적으로 측정할 수도 있다. 이렇게 입증의 정도라는 개념을 이용해서 베이즈주의자들은 (위 B1과 B2와 더불어) 다음 두 가지를 추가로 증명함으로써 우리의 상식을 구제하려고 한다.

B3: ~Ra&~Ba가 (x)(Rx→Bx)를 입증하는 정도는 Ra&Ba가 (x)(Rx→Bx)를 입증하는 정도보다 훨씬 작다.

B4: ~Ra&~Ba가 (x)(Rx→Bx)를 입증하지만 그 정도는 매우 작다.

분명 B1과 B2는 3장에서 다룬 헴펠의 이론으로 도출될 수 있다. 하지만 (비록 헴펠이 정량적 입증 이론에 대한 간략한 논의를 하긴 했지만) 헴펠의 이론 그 자체로부터는 B3과 B4와 같은 주장이 도출될 수 없다. 헴펠의 이론은 입증 여부만 판정할 수 있을 뿐 입증의 정도를 비교하고 측정할 수는 없기 때문이다. 이런 점은 베이즈주의 입증 이론이 헴펠의 입증 이론보다 우수한 점이라고 할 수 있다.

이제 베이즈주의자들이 B1~B4를 어떻게 도출하는지 생각해 보자. 앞 절에서 소개된 베이즈주의 입증 이론에 따르면, B1과 B2는 다음과 같이 재서술될 수 있다. (아래 수식에서 H는 까마귀 가설, 즉 (x)(Rx→Bx)를 나타낸다.)

B1*: $Cr(H \mid Ra\&Ba) > Cr(H)$

B2*: $Cr(H|\sim Ra\&\sim Ba)>Cr(H)$.

그럼 B3과 B4도 위와 유사하게 수식으로 나타낼 수 있을까?

사실 B3과 B4를 정확하게 나타내기 위해서는 '입증하는 정도'를 측정하는 함수를 제시해야 한다. 이 입증하는 정도를 측정하는 함수는 신념도 함수와 다른 것으로, 일종의 신념도 증가량을 측정하는 함수이다. 하지만 그 함수에 대한 소개와 논의는 우리의 범위를 넘어선다. 또한 그런 함수를 모른다고 하더라도 우리는 그에 상응하는 방식으로 B3과 B4를 수식으로 나타낼 수 있다.

앞에서 설명했듯이 증거 E가 H를 입증하는 것은 $Cr(H|E)$와 $Cr(H)$에 의해서 결정된다. 만약 $Cr(H|E)$가 $Cr(H)$보다 크고 $Cr(H|E)$와 $Cr(H)$의 차이가 커질수록 E가 H를 입증하는 정도는 더 커진다고 말할 수 있다. 그렇다면 $Cr(H|E)$가 $Cr(H)$보다 크지만 $Cr(H|E)/Cr(H)$는 거의 1에 가까울 때, E가 H를 입증하는 정도는 무척 작다고 말할 수 있다. 뿐만 아니라 $Cr(H|E1)$와 $Cr(H)$의 차이가 $Cr(H|E2)$와 $Cr(H)$의 차이보다 더 클 때, 다른 말로 $Cr(H|E1)$가 $Cr(H|E2)$보다 더 클 때, E1이 E2보다 H를 더 입증한다고 말할 수 있다. 그럼 우리는 위 B3과 B4를 다음과 같이 수식으로 나타낼 수 있다.

B3*: $Cr(H|Ra\&Ba)\gg Cr(H|\sim Ra\&\sim Ba)$.
B4*: $Cr(H|\sim Ra\&\sim Ba)/Cr(H)\fallingdotseq 1$.

B3*에서 '$\gg$'는 무척 크다는 것을 나타내며, '$\fallingdotseq$'는 비슷하다는 것을 나타낸다. (정확하게 말하자면 B2*와 B4*를 결합한 것이 B4이다.)

그럼 어떻게 베이즈주의자들은 B1*~B4*를 도출하는가? 이 질문에 답하기 위해서 몇 가지 수식을 살펴보아야 한다. 우선 베이즈 정리와 몇몇 확률 계산 규칙에 의해서 다음이 성립한다는 것에 주목하자(수식 설명은 〈상자 4-6〉 참조).

$$C1: \frac{Cr(H|Ra\&Ba)}{Cr(H)} = \frac{Cr(Ra\&Ba|H)}{Cr(Ra\&Ba)} = \frac{Cr(Ra|H)}{Cr(Ra\&Ba)}.$$

$$C2: \frac{Cr(H|\sim Ra\&Ba)}{Cr(H)} = \frac{Cr(\sim Ra\&Ba|H)}{Cr(\sim Ra\&Ba)}.$$

$$C3: \frac{Cr(H|Ra\&\sim Ba)}{Cr(H)} = \frac{Cr(Ra\&\sim Ba|H)}{Cr(Ra\&\sim Ba)} = 0.$$

$$C4: \frac{Cr(H|\sim Ra\&\sim Ba)}{Cr(H)} = \frac{Cr(\sim Ra\&\sim Ba|H)}{Cr(\sim Ra\&\sim Ba)} = \frac{Cr(\sim Ba|H)}{Cr(\sim Ra\&\sim Ba)}.$$

〈상자 4-6〉 C1~C4 증명

조건부 신념도의 정의에 의해서 다음이 성립한다.

$$\frac{Cr(A|B)}{Cr(A)} = \frac{Cr(B|A)}{Cr(B)}.$$

따라서 C1~C4 각각의 첫 번째 등식이 성립한다. 한편, Ra&Ba&H 는 Ra&H를 함축한다. 그리고 Ra&H는 Ba를 함축하고, 이에 Ra&H로부터 Ra&Ba&H가 도출된다. 즉 Ra&H는 Ra&Ba&H와 동치이다. 그러므로 다음 식이 성립한다.

$$Cr(Ra\&Ba|H) = \frac{Cr(Ra\&Ba\&H)}{Cr(H)} = \frac{Cr(Ra\&H)}{Cr(H)} = Cr(Ra|H).$$

마찬가지로 ~Ra&~Ba&H는 ~Ba&H와 동치이고, 다음이 성립한다.

$$Cr(\sim Ra \& \sim Ba | H) = \frac{Cr(\sim Ra \& \sim Ba \& H)}{Cr(H)} = \frac{Cr(\sim Ba \& H)}{Cr(H)} = Cr(\sim Ba | H).$$

그럼 위 두 식에 의해서 C1과 C4 각각의 두 번째 등식이 성립한다. 마지막으로 H는 Ra&~Ba와 양립불가능하다는 점에 주목하자. 그럼 $Cr(Ra \& \sim Ba \& H) = 0$이며, 따라서 다음이 성립한다.

$$Cr(Ra \& \sim Ba | H) = \frac{Cr(Ra \& \sim Ba \& H)}{Cr(H)} = \frac{0}{Cr(H)} = 0.$$

이에 C3의 마지막 등식이 성립한다.

결국, B1*~B4*를 증명하기 위해서는 다음을 증명하면 된다.

B1**: $Cr(Ra | H) > Cr(Ra \& Ba)$.

B2**: $Cr(\sim Ba | H) > Cr(\sim Ra \& \sim Ba)$.

B3**: $\dfrac{Cr(Ra | H)}{Cr(Ra \& Ba)} \gg \dfrac{Cr(\sim Ba | H)}{Cr(\sim Ra \& \sim Ba)}$.

B4**: $\dfrac{Cr(\sim Ba | H)}{Cr(\sim Ra \& \sim Ba)} \fallingdotseq 1$.

그럼 베이즈주의자들은 위 식들이 성립한다는 것을 어떻게 보여 주는가? 이를 쉽게 이해하기 위해서 다음 그림을 살펴보자.

	Ra	~Ra
Ba	p	q
~Ba	r	s

〈그림1〉 Cr(·)의 값

	Ra	~Ra
Ba	p_H	q_H
~Ba	0	s_H

〈그림2〉 Cr(·|H)의 값

〈그림1〉은 임의로 가정한 신념도 Cr(•)의 값을 나타낸다. 예를 들어, 이 그림은 Cr(Ra&Ba)=p, Cr(~Ra&~Ba)=s라는 것을 나타낸다. 확률 계산 규칙에 따라 p+q+r+s=1이다. 〈그림2〉는 임의로 가정한 조건부 신념도 Cr(•|H)의 값을 나타낸다. 가령, 이 그림은 H가 참이라는 것을 가정했을 때 Ra&Ba에 대한 신념도 Cr(Ra&Ba|H)=p_H을 나타낸다. 〈그림1〉의 Cr(Ra&~Ba)의 값은 r로 표시되었으며, 그 정확한 값은 정해지지 않았다. 하지만 〈그림2〉의 Cr(Ra&~Ba|H)의 값은 0으로 정해져 있다. 이는 당연하다. 위 〈상자 4-6〉에서 설명했듯이 H와 Ra&~Ba는 양립불가능하고, 따라서 Cr(Ra&~Ba|H)=0일 수밖에 없다. 그럼, 확률 계산 규칙에 따라서 p_H+q_H+s_H=1이라는 것을 알 수 있다.

이제 베이즈주의자들은 〈그림1〉과 〈그림2〉에서 가정된 신념도들을 비교하여 B1**~B4**가 성립한다는 것을 보여 주어야 한다. 이를 위해서 베이즈주의자들은 다음 두 가지를 가정한다.

A1: Cr(H|Ra)=Cr(H).
A2: Cr(H|~Ba)=Cr(H).

흔히 '독립성 가정'이라고 불리는 것으로, A1은 "a가 까마귀이다"는 것이 "까마귀는 모두 검다"는 것과 독립적이라는 것, A2는 "a는 검지

〈상자 4-7〉 Ra는 H를 입증하는가: 가설연역법과 헴펠의 입증 이론

가설연역법의 입증 이론에서 Ra는 H, 즉 까마귀 가설 $(x)(Rx \rightarrow Bx)$를 입증하는가? 이를 확인하기 위해서는 $(x)(Rx \rightarrow Bx)$가 Ra를 함축하는지 확인해야 한다. 물론 문제의 함축 관계는 성립하지 않는다. 그럼 Ra는 까마귀 가설을 반입증하는가? 분명, $(x)(Rx \rightarrow Bx)$는 증거의 부정, 즉 $\sim$Ra를 함축하지 않는다. 따라서 가설연역법의 입증 이론에서 Ra는 까마귀 가설을 입증하지도 반입증하지도 않으며, 중립적이다. 이와 비슷한 방식으로 우리는 $\sim$Ba가 까마귀 가설과 중립적이라는 것을 확인할 수 있다.

그럼, 헴펠의 입증 이론은 어떠한가? 그의 입증 이론에서 Ra는 까마귀 가설 $(x)(Rx \rightarrow Bx)$를 입증하는가? 이를 확인하기 위해서는 Ra가 $(x)(Rx \rightarrow Bx)$의 전개를 함축하는지를 살펴보아야 한다. 3장에서 설명했듯이 $(x)(Rx \rightarrow Bx)$의 전개는 $Ra \rightarrow Ba$이다. 그러나 Ra는 이 전개를 함축하지 못한다. 따라서 Ra는 까마귀 가설을 입증하지 못한다. 그럼 Ra는 까마귀 가설을 반입증하는가? 즉 Ra는 까마귀 가설의 부정, $(\exists x)(Rx \& \sim Bx)$의 전개를 함축하는가? $(\exists x)(Rx \& \sim Bx)$의 전개는 $Ra \& \sim Ba$이다. 따라서 Ra는 이 전개를 함축하지 못하고, 이에 Ra는 까마귀 가설을 반입증하지 못한다. 결국, 헴펠의 입증 이론에 따르면 Ra는 까마귀 가설을 입증하지도, 반입증하지도 못한다. 즉 Ra는 까마귀 가설과 중립적이다. 우리는 위와 비슷한 추론을 통해서 $\sim$Ba 역시 까마귀 가설과 중립적이라는 것을 확인할 수 있다.

않다"는 것이 "까마귀는 모두 검다"는 것과 독립적이라는 것을 의미한다. 다른 말로, 이 가정은 a가 까마귀라는 것(혹은 a가 검지 않다는 것)은 "까마귀는 모두 검다"와 중립적이라는 것을 말한다.

〈상자 4-8〉가정 A1과 A2에 대해서: 가설연역법, 헴펠, 베이즈주의 입증 이론

앞선 〈상자 4-7〉에서 설명했듯이, 가설연역법의 입증 이론과 헴펠의 입증 이론은 Ra와 ~Ba를 모두 H에 중립적인 것으로 판정한다. 이런 점은 베이즈주의 입증 이론도 마찬가지다. 베이즈주의 입증 이론에 따르면, Cr(H|E)=Cr(H)인 경우 E는 H에 중립적이다. 그러나 여기에서 세 가지 입증 이론 사이에 흥미로운 차이점도 발견할 수 있다.

확률 계산 규칙에 따르면 0<Cr(E)<1인 경우, 'Cr(H|E)=Cr(H)'와 'Cr(H|~E)=Cr(H)'는 동치이다. 이에 베이즈주의 입증 이론으로부터 다음이 도출된다:

(*) E가 H에 중립적인 경우에 ~E 역시 H에 중립적이다.

이런 점은 가설연역법의 입증 이론도 마찬가지다. 가설연역법의 입증 이론에 따르면 E가 H에 중립적이라는 것은 H가 E를 함축하지 않고, H가 ~E도 함축하지 않는다는 것이다. 따라서 가설연역법 입증 이론도 (*)를 함축한다.

하지만 흥미롭게도 헴펠의 입증 이론은 (*)를 함축하지 않는다. Ra와 H, ~Ba와 H 사이의 관계를 통해 이를 확인할 수 있다. 앞의 〈상자 4-7〉에서 설명했듯이, 헴펠의 입증 이론에 따르면 Ra는 H에 중립적이고, ~Ba 역시 H에 중립적이다. 하지만 ~Ra는 어떤가? 분명 ~Ra로부터 H의 전개, 즉 Ra→Ba가 함축된다. 마찬가지로 Ba로부터도 Ra→Ba가 함축된다. 따라서 헴펠의 입증 이론에 따른다면, ~Ra는 H를 입증한다(그리고 Ba는 H를 입증한다)고 말해야 한다. 정리하자면, 헴펠의 입증 이론에 따르면 Ra는 H에 중립적이지만, ~Ra는 H를 입증한다. 이는 ~Ba에 대해서도 마찬가지다.

이 두 가정은 받아들일 만한가? 얼핏 보기에는 그렇다. a가 까마귀라고 하더라도 "모든 까마귀는 검다"는 참일 수도 있고, 거짓일 수도 있다. 물론, a가 까마귀라는 것이 거짓이라고 하더라도 "모든 까마귀는 검다"는 참일 수도 있고, 거짓일 수도 있다. 그렇다면 Ra의 진위는 H의 진위와 무관하다고 생각할 수도 있다. 이런 점은 a가 검지 않다는 증거에 대해서도 마찬가지다. 더 나아가 우리는 가설연역법의 입증 이론과 헴펠의 입증 이론 역시 비슷하게 말하고 있다는 점을 주목할 필요도 있다. 위 〈상자 4-7〉이 설명하고 있듯이, 가설연역법의 입증 이론과 헴펠의 입증 이론 모두 'Ra는 H에 중립적'이다, '~Ba는 H에 중립적'이라고 진단한다.

일단 위 가정을 받아들이자. 그럼 베이즈주의자들은 〈그림1〉과 〈그림2〉가 나타내는 각 신념도들에 대한 몇 가지를 추론할 수 있다. 〈상자 4-2〉에서 설명했듯이 A1과 A2는 다음과 같은 말이다(물론 Cr(H)>0이라는 것이 가정되었다).

A1*: $Cr(Ra|H) = Cr(Ra)$.
A2*: $Cr(\sim Ba|H) = Cr(\sim Ba)$.

그럼 〈그림1〉과 〈그림2〉의 각 값들 사이에는 다음이 성립한다.

(e) $p + r = p_H$.
(f) $r + s = s_H$.

앞에서 설명했듯이 확률 계산 규칙에 따르면 $p_H + q_H + s_H = 1$이다. 그럼 (e)와 (f)로부터 다음이 도출된다.

$$(g) \quad q-r=q_H.$$

요약해 보자. 앞의 가정 A1과 A2를 받아들이면, 〈그림1〉과 〈그림2〉를 다음과 같이 다시 그릴 수 있다.

	Ra	~Ra
Ba	p	q
~Ba	r	s

〈그림3〉 Cr(·)의 값

	Ra	~Ra
Ba	p+r	q-r
~Ba	0	s+r

〈그림4〉 Cr(·|H)의 값

그럼 우리는 B1**와 B2**가 성립한다는 것을 확인할 수 있다(반복하자면, $Cr(Ra\&Ba|H)=Cr(Ra|H)$이며, $Cr(\sim Ra\&\sim Ba|H)=Cr(\sim Ba|H)$이다). 즉 다음이 성립한다.

B1**: $Cr(Ra|H)=p+r>p=Cr(Ra\&Ba)$.
B2**: $Cr(\sim Ba|H)=s+r>s=Cr(\sim Ra\&\sim Ba)$.

결과적으로, 소위 '독립성 가정'이라 불리는 것, 즉 A1과 A2를 받아들이면, B1**과 B2**가 성립한다. 그런데 B1**과 B2** 각각은 B1과 B2와 동치이다. 즉 독립성 가정을 받아들이는 베이즈주의자들은 '검은 까마귀'와 '흰 백묵'이 "까마귀는 모두 검다"는 것을 입증한다고 주장할 수 있게 된다.

그럼 B3과 B4는 어떤가? 이에 답하기 위해서 현재 우리가 까마귀에 대해서 알고 있는 것 몇 가지를 가정하자. 일단 "까마귀는 모두 검다"

는 것의 진위가 아직 확정적으로 결정되지 않았다고 하자. 하지만 우리
는 까마귀인 것과 검은 것들의 비율에 대해서 몇 가지는 알고 있다. 첫
째, 우리 세계에 있는 것들은 대부분 검지 않고 까마귀가 아니다. 다르
게 말해, 우리 세계에 있는 것들 중 검지 않고 까마귀도 아닌 것의 비율
은 거의 1에 가깝다. 그리고 이런 사실을 알고 있는 우리는 우리 세계
에서 어떤 대상 a를 뽑았을 때 그것이 검지 않고 까마귀도 아니라는 것
에 대해서 매우 큰 신념도를 가지고 있을 것이다. 따라서 다음과 같은
가정은 무척 자연스럽다.

  A3: $Cr(\sim Ra \& \sim Ba) = s \fallingdotseq 1$

이것이 전부가 아니다. 둘째, 우리 세계에는 검지 않고 까마귀가 아닌
것이 검은 까마귀보다 훨씬 더 많다. 다르게 말해, 우리 세계에서 검지
않고 까마귀가 아닌 것의 비율은 검은 까마귀의 비율보다 훨씬 더 크
다. 따라서 이런 사실을 알고 있는 우리는 우리 세계에서 어떤 대상 a
를 뽑았을 때 그것이 검은 까마귀라는 것보다 그것이 검지 않고 까마귀
도 아니라는 것에 훨씬 더 큰 신념도를 부여할 것이다. 따라서 다음과
같은 가정도 무척 자연스럽다.

  A4: $Cr(\sim Ra \& \sim Ba) = s \gg p = Cr(Ra \& Ba).$

여기서 s와 r은 모두 0보다 크거나 같고, s+r은 1보다 작거나 같다는
사실에 주목하자. 한편 A3에 따르면 s는 1에 가깝기 때문에, (s+r)/
s≒1이 성립한다. 또한 A4에 따르면 s≫p이기 때문에, r/p≫r/s가 성
립한다. 결과적으로, 우리는 이 사실로부터 다음과 같이 B3**와 B4**

를 도출할 수 있다.

$$B3^{**}: \quad \frac{Cr(Ra|H)}{Cr(Ra\&Ba)} = \frac{p+r}{p} = 1 + \frac{r}{p} \gg 1 + \frac{r}{s} = \frac{s+r}{s} = \frac{Cr(\sim Ba|H)}{Cr(\sim Ra\&\sim Ba)}.$$

$$B4^{**}: \quad \frac{Cr(\sim Ba|H)}{Cr(\sim Ra\&\sim Ba)} = \frac{s+r}{s} \fallingdotseq 1.$$

이제 정리해 보자. 지금껏 증명했듯이, 까마귀 역설에 대한 베이즈주의자들의 주장은 B1~B4로 요약될 수 있다. 그들은 '검은 까마귀' 뿐만 아니라 '검지 않고 까마귀가 아닌 것'도 까마귀 가설을 입증한다고 말한다. 이것은 헴펠의 주장과 유사하지만, 베이즈주의자는 헴펠보다 한발 더 나아간다. 베이즈주의 입증 이론이 헴펠의 입증 이론보다 우수한 점은 '검은 까마귀'가 까마귀 가설을 입증하는 정도가 '검지 않고 까마귀가 아닌 것'이 까마귀 가설을 입증하는 정도보다 훨씬 더 크다는 것을 명시적으로 보여 준다는 것(B3)이다. 더 나아가 베이즈주의자들은 '검지 않고 까마귀가 아닌 것'이 까마귀 가설을 입증하는 정도가 무척 작다는 것(B4)도 명시적으로 보여 준다. 까마귀 가설에 대한 이런 정량적인 분석은 가설연역법의 입증 이론과 헴펠의 입증 이론에서는 찾을 수 없는 것이었다.

　이렇듯 베이즈주의 입증 이론이 헴펠의 입증 이론보다 더 정교하게 까마귀 역설을 분석한다는 것은 분명해 보인다. 그럼 그 분석 결과는 성공적인가? 위에서 제시된 설명만 생각했을 때, 그 결과는 나쁘지 않다. 하지만 위 베이즈주의자들의 까마귀 역설 분석은 다소 바람직해 보이지 않는 결과를 함축한다.

　이를 살펴보기 위해서 〈그림3〉과 〈그림4〉를 다시 보자. 지금 우리가

주목할 것은 Cr(~Ra&Ba)와 Cr(~Ra&Ba|H) 사이의 관계이다. 이 그림들이 잘 보여 주듯이 다음이 성립한다.

$$Cr(\sim Ra\&Ba|H)=q-r<q=Cr(\sim Ra\&Ba).$$

그리고 확률 계산 규칙에 의해서 위 식은 Cr(H|~Ra&Ba)<Cr(H)로 변형이 되고, 베이즈주의 입증 이론에 따라 다음을 의미한다.

B5 : ~Ra&Ba는 (x)(Rx→Bx)를 반입증한다.

즉 까마귀가 아니지만 검은 것, 가령 검은 구두와 같은 것이 까마귀는 모두 검다는 것을 반입증한다. 과연 우리는 이를 받아들일 수 있는가? 일견, 검은 구두가 까마귀는 모두 검다는 것을 반입증한다는 것은 무척 이상해 보인다.

　베이즈주의자들은 이에 대해서 어떻게 답하는가? 표준적인 베이즈주의자들의 답변은 B1~B4를 정당화하는 것과 유사하다. 즉 그들은 우리 세계 속 까마귀와 검은 것의 비율에 대한 가정을 덧붙이고 B5가 그리 역설적이지 않다고 말한다. 그들이 덧붙이는 가정은 우리 세계에서 검은 것의 비율이 까마귀의 비율보다 훨씬 더 크다는 것이다. 우리 세계에서 어떤 대상 a를 뽑았을 때 그것이 까마귀라는 것보다 그것이 검다는 것에 훨씬 더 큰 신념도를 부여할 것이다. 따라서 다음과 같은 가정도 무척 자연스럽다는 것이 베이즈주의자들의 주장이다.

A5 : $Cr(Ba)=p+q\gg p+r=Cr(Ra).$

위 가정으로부터 $r/q \fallingdotseq 0$이 성립한다는 것을 알 수 있다. 그리고 A5
는 다음을 함축한다.

$$\frac{Cr(\sim Ra\&Ba|H)}{Cr(\sim Ra\&Ba)} = \frac{q-r}{q} = 1 - \frac{r}{q} \fallingdotseq 1.$$

그리고 이 사실은 $Cr(H|\sim Ra\&Ba)$가 $Cr(H)$보다 작기는 하지만, 그
차이가 매우 작다는 것을 의미한다. 베이즈주의자들은 검은 구두가 까
마귀 가설을 반입증한다는 것을 인정한다. 하지만 위의 가정을 통해서
그 정도는 매우 작다고 말한다. 그리고 이런 결론은 검은 구두가 까마
귀 가설을 반입증한다는 것이 왜 이상하게 느껴지는지 설명해 준다고
베이즈주의자들은 말한다.

이런 식의 답변은 그럴듯한가? 지금껏 살펴보았듯이 베이즈주의자
들의 답변에는 한 가지 패턴이 있다. 그것은 베이즈주의자들은 입증과
관련된 문제를 해결하거나, 자신들의 답변의 문제를 극복하기 위해서
특정한 신념도 분포에 의존한다는 것이다. 앞에서 설명했듯이, 베이즈
주의자들은 까마귀 역설을 분석하기 위해, 그리고 그 도중에 드러난 문
제점을 설명하기 위해서 세계에 있는 까마귀의 비율, 검은 것의 비율,
까마귀 가설과 까마귀와의 통계적 관계 등에 의존한다. 그들은 자연스
럽다고 생각되는 이러저러한 비율들에 대한 가정을 덧붙이고, 확률 계
산을 통해 나름의 방법으로 역설을 분석하고 문제를 해결한다. 이런 논
증 방식은 문제가 없는가? 다음 장에서는 이와 관련된 베이즈주의자들
의 문제와 그들의 답변, 베이즈주의 입증 이론을 괴롭히는 다른 문제들
을 살펴볼 것이다.

【더 읽을거리】

- 베이즈주의 과학철학, 혹은 베이즈주의 입증 이론을 살펴보기 위해서는 다음 책을 권할 만하다.

Earman, J. (1992), *Bayes or Bust? A Critical Examination of Bayesian Confirmation Theory*, MIT Press.

Howson, C. & Urbach, P. (2005), *Scientific Reasoning: The Bayesian Approach* (2nd Edition), Open Court.

Salmon, W. C. (1967), *The Foundations of Scientific Inference*, University of Pittsburgh Press.

이 중 Earman의 책(1992)과 Howson & Urbach의 책(2005)은 다소 어렵다. Howson & Urbach의 책은 베이즈주의의 여러 성공적인 측면을 자세히 서술하고 있으며, Earman의 책은 베이즈주의의 여러 모습을 아주 깊은 수준에서 비판적으로 검토하고 있다. Salmon의 책(1967)은 『과학적 추론의 기초』라는 제목으로 1994년에 번역되어 나와 있다.

- 확률에 대한 보다 일반적인 철학적 논의로는 다음 책들을 참조하면 된다.

Gillies, Donald (2000), *Philosophical Theories of Probability*, Routledge.

Mellor, D. H. (2000), *Probability: A Philosophical Introduction*, Routledge.

이중 Gillies의 책(2000)은 확률 해석을 주로 다루고 있으며, Mellor의 책(2000)은 철학적 문제를 깊이 다루고 있다.

- 최근 베이즈주의 인식론 혹은 과학철학을 '형식 인식론(formal epistemology)'이라는 이름으로 부르는 사람들이 등장했다. 이 형식 인식론에 대한 비판적이고 개괄적인 설명은 아래 책을 보면 된다. 이 책은 확률 철학, 베이즈주의 등의 최근 연구 성과들을 소개해 주고 있다.

Bradley, D. (2015), *A Critical Introduction to Formal Epistemology*, Bloomsbury Publishing.

- 까마귀 역설에 대한 최근 논의와 베이즈주의자들의 대응과 관련해서는 다음 논문들을 보면 된다.

Fitelson, B. (2006), "The Paradox of Confirmation", *Philosophy Compass* 1(1) (2006), pp. 95-113.
Rinard, S. (2014), "A New Bayesian Solution to the Paradox of the Ravens", *Philosophy of Science* 81, pp. 81-100.

5

입증 이론의 한계와 전망

지금껏 우리는 세 가지 대표적인 입증 이론—가설연역법의 입증 이론, 헴펠 입증 이론, 베이즈주의 입증 이론—을 다루었다. 물론, 입증 이론에는 이것들만 있는 것이 아니다. 이 책에서 다루지 않았지만, 사람들의 관심을 끌었던 입증 이론 중에는 글리무어(Clark Glymour)의 구두끈 입증 이론(Bootstrapping Confirmation Theory)이 있다. 하지만 이 책에서는 더 이상 새로운 입증 이론을 소개하지 않을 것이다. 대신 우리는 입증 이론의 문제점과 전망을 살펴보는 것으로 이 글을 마무리할 생각이다.

입증 이론의 문제점과 전망을 살펴본다는 것은 무엇을 뜻하는가? 우리가 여기에서 다루는 입증 이론의 문제점과 전망은 베이즈주의 입증 이론의 문제점과 전망이다. 물론 우리는 베이즈주의 입증 이론의 문제점과 전망이 곧 입증 이론 일반의 문제점과 전망이라고 생각하지 않는다. 하지만 베이즈주의가 최근 가장 영향력 있는 입증 이론이라는 것도 부정할 수 없다. 이에 베이즈주의 입증 이론의 비판적 검토는 입증 이론 일반의 한계와 전망에 대해 여러 시사점을 제공할 것이다. 이 장에서 우리는 베이즈주의 입증 이론의 특유의 문제점(5.1절)과 베이즈주의 일반의 문제점을 다룰 것이다(5.2절). 더불어 베이즈주의의 전망 역시 고찰할 것이다.

5.1 베이즈주의 입증 이론의 문제점

까마귀 역설에 대한 4장의 설명이 잘 보여 주듯이 베이즈주의 입증 이론은 증거와 가설 사이의 관계에 대해서 기존의 입증 이론보다 정교한 분석을 제공한다. 베이즈주의의 분석은 입증을 정량적으로 분석하여 정성적인 입증 이론들의 공백을 채우며, 입증을 둘러싼 우리의 직관을 설명해 낸다. 하지만 과학자들, 혹은 과학철학자들이 베이즈주의 입증 이론을 전면적으로 수용하기엔 무리인 부분이 있는 것도 사실이다. 관련 학자들의 베이즈주의 입증 이론에 대한 이런 태도는 두 가지 면에서 살펴볼 수 있다. 첫 번째는 베이즈주의 입증 이론이 과학 혹은 과학 활동의 객관성을 훼손하는 듯이 보인다는 것이며, 두 번째는 베이즈주의 입증 이론이 과학의 실제 모습을 충분히 반영하지 못하고 있다는 것이다.

5.1.1 베이즈주의와 과학의 객관성: 사전 신념도의 주관성

관련 학자들이 베이즈주의 입증 이론에 대해 주저하게 된 첫 번째 이유는 베이즈주의의 핵심적인 특징에 기인한다. 앞에서 설명했듯이, 베이즈주의 입증 이론은 가설과 증거 사이의 관계를 순수한 연역 논리적 관계가 아닌 신념도, 즉 확률의 증가 여부를 이용해서 규명한다. 이미 지적했듯이, 믿음은 언제나 누군가의 믿음이다. 그리고 누군가의 믿음이라는 말은 믿음은 주관적이라는 것을 함의하는 듯하다. 믿음이 이렇게 주관적이라면, 사람마다 다른 믿음을 가질 수 있을 것이다.

가령, 철수는 내일 비가 올 것이라는 것을 50% 정도로 믿고 있지만, 영희는 내일 비가 올 것이라는 것을 80% 정도로 믿을 수 있다. 더불어 철수는 오늘 날씨가 흐리다는 조건 아래에서 내일 비가 온다는 것을 60% 정도로 믿지만, 영희는 오늘 날씨가 흐리다는 조건 아래에서 내일 비가 올 것이라는 것을 70% 정도로 믿을 수 있다. 이런 경우, 베이즈주의자들은 철수에게 "오늘 날씨가 흐리다"는 것은 "내일 비가 올 것이다"는 것에 대한 증거이지만, 영희에겐 증거가 아니라고 말할 것이다. 하지만 상식적으로 생각해 볼 때, 증거와 가설 사이의 관계는 이런 관계가 아닌 듯하다. 과학적 판단, 혹은 일상적인 판단을 내리는 데 있어, 증거와 가설 사이의 관계는 주관성이 배제된 객관적인 것처럼 보인다. 만약 증거와 가설 사이의 관계가 주관적이라면, 예를 들어 증거가 중요한 역할을 하게 되는 법정에서의 판단은 주관적일 수밖에 없을 것이며, 이는 엄격성을 요구하는 법적 판단을 자의적으로 만들 것이다.

이런 믿음의 주관성은 앞에서 언급한 까마귀의 역설에 대한 베이즈주의자들의 답변에서도 드러난다. 까마귀의 역설을 다루면서 우리는 다음과 같은 것들을 가정하였다.

A1 : $Cr(H|Ra) = Cr(H)$.

A2 : $Cr(H|{\sim}Ba) = Cr(H)$.

A3 : $Cr({\sim}Ra\&{\sim}Ba) = s \fallingdotseq 1$.

A4 : $Cr({\sim}Ra\&{\sim}Ba) = s \gg p = Cr(Ra\&Ba)$.

A5 : $Cr(Ba) = p + q \gg p + r = Cr(Ra)$.

앞에서 설명했듯이, 이 가정들은 모두 사전 신념도 함수, 즉 Cr과 관련이 있다. 이 가정들은 사전 신념도 함수가 갖추어야 할 중요한 특징을 제시한 것이고, 이를 바탕으로 베이즈주의자들은 까마귀 역설을 정량적으로 분석하고 그것의 역설적인 특징을 완화하려고 하였다. 하지만 A1~A5 중 일부를 받아들이지 않는 사람이 있다면 어떠할까? 베이즈주의 입증 이론가들은 그런 사람이 옳지 않다고 말할 수 있는 근거를 가지고 있는가?

엄격한 베이즈주의 입증 이론가들은 사전 신념도에 특별한 제약 조건을 가하려고 하지 않는다. 그들의 제약은 단지 사전 신념도가 확률 계산 규칙을 만족해야 한다는 것뿐이다. 만약 그렇다면 위 가정들을 받아들이지 않는 사람의 신념도가 잘못되었다고 말할 근거는 없게 된다. 왜냐하면 위 가정들을 만족하지 않음에도 불구하고 확률 계산 규칙을 만족하는 사전 신념도들이 존재할 수 있기 때문이다. 방금 위에서 언급한 철수와 영희의 사례도 마찬가지다. 만약 사전 신념도에 확률 계산 규칙을 만족해야 한다는 것 이외에 어떤 제약 조건도 부과하지 않는다면 철수와 영희 중에서 누구의 신념도가 옳은지 말할 수 없다. 왜냐하면 그 둘의 사전 신념도가 모두 확률 계산 규칙을 만족할 수 있기 때문이다. 이에 엄격한 베이즈주의 입증 이론가들은 증거와 가설 사이의 관계를 사람마다 다르게 규정할 것이고, 이에 따라서 그것들은 주관적일 수밖에 없게 된다. 그러나 증거와 가설 사이의 관계가 주관적이라는 것을 어떤 과학자, 어떤 귀납 논리학자가 받아들일 수 있겠는가?

이에 대해서 베이즈주의자들이 취할 수 있는 답변은 무엇이 있을까? 크게 두 가지로 생각해 볼 수 있다. 하나는 베이즈주의 외적으로 문제를 해결하는 것이고 다른 하나는 베이즈주의 내적으로 문제를 해결하는 것이다.

베이즈주의 외적으로 문제를 해결한다는 것은 확률 계산 규칙을 만

족해야 한다는 것 이외에 추가 제약 조건을 사전 신념도에 부여하는 것
이다. 이런 전략은 정통 베이즈주의에서 다소 이탈하는 것으로, 베이즈
주의 외부로부터 도움을 받아 베이즈주의 입증 이론의 주관성을 완화
하는 것이라고 할 수 있다. 그럼 어떤 제약 조건을 사전 신념도에 부여
할 수 있는가? 여러 가지가 있을 수 있다. 가령, 선택지 간에 특별히 선
호할 만한 증거가 없다면 동일한 신념도를 부여해야 한다는 '무차별성
원칙' 같은 것을 부여할 수 있다. 무차별성 원칙이 적용된 사례는 주사
위 던지기를 통해서 생각해 볼 수 있다. 책상 위에 놓인 주사위를 던지
려고 한다. 우리는 이 주사위를 던졌을 때 어떤 일이 벌어질 수 있을지
알고 있다. 즉 1부터 6까지의 눈이 나올 수 있다는 것을 알고 있다. 하
지만 주사위가 편향되어 있는지 그렇지 않은지에 대한 어떤 정보도 없
고, 따라서 가능한 결과들 중에서 어떤 것을 특별히 선호할 증거를 가
지고 있지 않다. 이런 경우, 무차별성 원칙은 각 가능한 경우에 동일한
신념도, 즉 1/6을 할당하라고 말한다. 이런 무차별성 원칙을 받아들이
면 우리는 사전 신념도를 몇 가지 종류로 제한할 수 있을 것이다. 물론,
이 '무차별성 원칙' 말고 다른 원칙을 받아들일 수도 있다. 가령, "통계
적 사실과 일치하도록 사전 신념도를 할당하라"와 같은 '통계적 원칙'
을 제시할 수도 있다. 만약 우리가 사는 세계에는 검은 까마귀보다 검
지 않고 까마귀도 아닌 것들이 훨씬 더 많다는 통계적 사실이 알려져
있다면, 검은 까마귀라는 것보다 검지 않고 까마귀도 아니라는 것에 더
큰 신념도를 할당해야 한다는 것이다. 만약 이런 통계적 원칙을 받아들
이고 실제로 우리가 사는 세계에 검지 않고 까마귀가 아닌 것들이 검은
까마귀보다 훨씬 많다면, A4와 어긋나는 신념도를 가진 사람은 잘못되
었다고 말할 수 있게 된다.

　이런 식으로 확률 계산 규칙을 만족해야 한다는 것 이외에 추가 제약

조건을 사전 신념도에 부여하는 입장을 종종 '객관적 베이즈주의'라고 부르기도 한다. 이 이름은 사전 신념도를 객관화하는 조건을 추가로 가지고 있는 베이즈주의라는 것을 뜻한다. 하지만 문제는 그런 추가 조건을 정당화하는 것이다. 우리의 신념도가 확률 계산 규칙을 만족해야 한다는 것은 지금껏 여러 가지 방식으로 정당화되었다.

하지만 '무차별성 원칙'이나 '통계적 원칙'을 수용해야 한다는 것은 또 다른 정당화가 필요하다. 그러나 그 정당화를 제시하기란 쉽지 않다. 가령, 무차별성 원칙을 생각해 보자. 무차별성 원칙에 따르면, 주사위의 편향성에 대한 어떤 정보도 없을 때 1의 눈이 나온다는 것에 대한 신념도는 1/6이어야 한다. 그럼, 주사위가 편향되지 않았다는 정보를 가지고 있는 경우에는 어떨까? 주사위가 편향되지 않았다는 것을 알았다면 당연히 1의 눈이 나온다는 것에 대한 신념도 역시 1/6이어야 한다. 그렇다면, 무차별성 원칙에 따랐을 때 주사위가 편향되지 않았다는 정보는 나의 신념도를 결정하는 데 어떤 역할도 하지 못한다. 그런 정보가 있든 없든 우리는 모두 1/6의 값을 할당하게 되는 것이다. 그러나 주사위가 편향되지 않았다는 것은 주사위 던지기에서 어떤 일이 일어날지를 결정하는 데에 무척 중요한 정보이자, 증거의 역할을 하는 것 같다. 하지만 무차별성 원칙에 따르면 이런 유의미한 증거의 역할을 포착할 수 없게 된다. 이렇듯 무차별성 원칙은 문제를 가지고 있다. 따라서 이런 원칙을 추가 제약 조건으로 받아들이고자 하는 사람들은 상당한 정당화의 부담을 질 수밖에 없다.

〈상자 5-1〉 무차별성 원칙

확률과 관련된 철학적 논의에서 가장 악명이 높은 원칙이 무차별성 원칙(Principle of Indifference)이다. 라플라스 원칙, 혹은 불충분이유율(Principle of Insufficient Reason)이라고 불리기도 한다. 이 원칙은 몇 가지 문제를 가지고 있다. 본문에 나와 있는 '아무런 정보가 없는 상태와 정보가 있는 상태를 구분할 수 없다'는 것 역시 대표적인 문제점이다. 이외에도 언급할 만한 문제로는 우리가 세계를 어떻게 기술하는가에 따라서 동일한 문장에 대해서 다른 확률값을 할당하게 된다는 것이다. 가령 한 변의 길이가 알려져 있지 않은, 따라서 그 면적도 알려져 있지 않은 어떤 정사각형이 있다고 해 보자. 우리가 알고 있는 것은 이 정사각형의 한 변의 길이가 최대 1cm, 따라서 그 면적은 최대 $1cm^2$라는 것뿐이다. 그럼 그 정사각형의 한 변의 길이가 0.5cm보다 작을 확률은 얼마인가? 우리는 그 길이가 0.5cm보다 작다는 것과 크다는 것 중에서 무엇을 더 선호할 어떤 증거도 가지고 있지 않다. 따라서 그 확률은 1/2이라고 생각해야 한다. 그럼 정사각형의 면적이 $0.25cm^2$보다 작을 확률은 얼마인가? 우리는 네 가지 가능성, 즉 '면적이 $0.25cm^2$보다 작다', '면적이 $0.25cm^2$와 $0.5cm^2$사이에 있다', '면적이 $0.5cm^2$와 $0.75cm^2$ 사이에 있다', '면적이 $0.75cm^2$보다 크다' 중에서 무엇을 더 선호할 근거를 가지고 있지 않다. 따라서 면적이 $0.25cm^2$보다 작다는 것의 확률은 1/4이라고 생각해야 한다. 정리하자면, 한 변의 길이가 0.5cm보다 작을 확률은 1/2이고 면적이 $0.25cm^2$보다 작을 확률은 1/4이다. 그러나, "한 변의 길이가 0.5cm보다 작다"는 것은 "면적이 $0.25cm^2$보다 작다"는 것과 동치이다. 이렇듯 무차별성 원칙을 받아들이는 경우 동치인 문장들이 서로 다른 확률값을 가질 수 있게 된다. 무차별성의 원칙을 받아들이는 경우, 우리가 세계를 어떻게 기술하느냐에 따라서 확률값이 달라질 수 있다.

    그럼 추가 제약 조건에 호소하지 않고 사전 신념도의 주관성에 대해
서 답할 수 있는 방안은 없을까? 베이즈주의자들이 생각하는 한 가지
방안은 "사전 신념도의 주관성을 그대로 인정하지만 그 주관성이 과학
의 객관성을 크게 훼손하지 않는다"고 논변하는 것이다. 그럼 어떻게
주관적인 사전 신념도가 과학의 객관성을 훼손하지 않을 수 있는가?
이 물음에 답하기 위해서 베이즈주의자들은 소위 '수렴 정리'라는 것
을 이용한다. 수렴 정리란 여러 사람들 사이의 사전 신념도가 큰 차이
를 가지고 있다고 하더라도 그들이 모두 공통의 증거를 획득하고 그 증
거에 따라 우리의 신념도를 갱신하다 보면 그 차이는 점차 0에 가까워
진다는 것이다. 다르게 말하자면, 사전 신념도는 다르지만 증거에 의해
서 갱신된 사후 신념도는 동일한 값으로 수렴한다는 것이다. 과학자들
의 공동체가 일반적으로 동일한 증거를 공유하고 있다는 것은 사실이
다. 따라서 베이즈주의자들은 "수렴 정리에 따라, 과학 공동체에 속한
사람들 사이에 신념도는 크게 달라지지 않을 것이며, 문제의 사전 신념
도의 주관성은 과학의 객관성을 심각하게 훼손하지 않는다"고 주장할
수 있게 된다.
    그럼 문제의 '수렴 정리'는 받아들일 수 있는가? 수렴 정리의 증명
은 무척 전문적이고 수학적 확률 이론에 깊이 의존하고 있다. 수학적인
방식으로 증명된 많은 정리들이 그러하듯이, 수렴 정리에 대한 수학적
증명은 많은 추가 조건들을 전제하고 있다. 그렇다면, 수렴 정리를 수
용할지의 여부는 그런 추가 조건들을 수용할지의 여부에 의존할 수밖
에 없다. 여기서 그런 전제들을 하나하나 검토하는 것은 전문적인 수학
이론을 포함할 수밖에 없으며, 이는 논의의 범위를 넘어서는 일이다.
하지만 한 가지는 지적할 필요가 있다. 그것은 수렴 정리를 증명하기
위해 전제된 것들이 과연 실제 과학 연구, 혹은 증거와 가설 사이의 관

계에 대한 우리의 실제 상식과 일치하는지의 여부가 중요하다는 것이다. 만약 전제들이 실제 과학 연구의 모습과 일치하지 않는다면 수렴 정리는 그저 수학적 정리일 뿐이다. 실제로 많은 입증 이론가들이 이 정리가 가설과 증거 사이의 관계를 과도하게 이상화했으며, 따라서 실제 우리의 모습과 잘 맞지 않는다고 논증한다. 그렇다면 베이즈주의 입증 이론가들은 실제 모습과 일치하지 않는 전제들을 이용한 수렴 정리가 왜 실제 과학의 객관성을 훼손하는 것이 아닌지를 설명해야 한다.

사실 베이즈주의 입증 이론이 실제 과학의 모습을 반영하고 있지 않다는 것은 다른 측면에서도 논의될 수 있다. 우리는 다음 절에서 베이즈주의 입증 이론과 실제 과학 사이의 괴리를 보여 주는 한 사례를 살펴볼 것이다. 이 사례는 베이즈주의 입증 이론의 치명적인 문제점을 드러내는 것으로 많이 언급되고 있으며, 그만큼 많은 베이즈주의자들이 해결책을 내놓으려고 고군분투하고 있는 것이다.

5.1.2 베이즈주의와 실제 과학 연구: 오래된 증거

17세기 말 등장한 뉴턴의 새로운 물리학은 20세기 아인슈타인의 상대성이론이 등장하기 전까지 독보적인 지위를 누리고 있었다. 당시 뉴턴 물리학이 예측한 대로 다양한 천체 현상들이 관측되었으며, 그런 관측은 많은 과학자들로 하여금 뉴턴 물리학을 참인 것으로 믿게 만들었다. 하지만 19세기 즈음에 접어들어 관측 기술이 발전함에 따라서 뉴턴 물리학과 일치하지 않는 것처럼 보이는 현상들이 과학자들의 시야에 들어오기 시작했다. 그중 대표적인 것이 '수성의 근일점 이동'이라고 불리는 천체 현상이다.

태양 주위를 도는 천체들은 모두 타원 궤도를 이루고 있다. 타원 궤도이기 때문에 태양과 가장 가까운 지점이 있고, 가장 먼 지점도 있다.

태양과 가장 가까운 지점을 근일점(近日點)이라고 부르고 가장 먼 지점을 원일점(遠日點)이라고 부른다. '수성의 근일점 이동'이라는 것은 이 근일점이 수성이 공전할 때마다 조금씩 이동한다는 것이다. 당시 관측에 따르면 수성의 근일점은 100년에 약 5,600″만큼 이동한다. 그런데 문제는 뉴턴 물리학이 이런 관측값과 다른 예측을 한다는 것이다. 뉴턴 물리학을 이용해서 계산한 바에 따르면 수성의 근일점은 100년에 약 5,567″만큼 이동하여야 한다. 즉 뉴턴 물리학의 예측값과 실제 관측값 사이에는 33″의 차이가 있었던 것이다. 당시 천문학자들은 다양한 추가 가설들―가령, 수성 안쪽에 또 다른 내행성이 있어, 그 행성의 중력에 의해서 33″의 차이가 발생했다는 가설―을 세워 뉴턴 물리학의 예측값과 관측값을 일치시키려고 하였다. 하지만 그런 가설들은 수성의 근일점 이동 문제를 완전히 설명할 수는 없었다. 그러나 이 문제는 훗날 아인슈타인의 일반 상대성이론에 의해서 깔끔하게 해결된다. 즉 아인슈타인의 일반 상대성이론은 관측값대로 수성의 근일점 이동 경로를 도출하였던 것이다. 이런 결과를 두고 많은 과학자들은 수성의 근일점 이동이 아인슈타인의 일반 상대성이론을 입증하는 증거라고 말하였다.

이런 식으로 진행된 실제 과학 연구의 모습을 베이즈주의는 잘 설명할 수 있을까? 수성의 근일점이 위에서 말한 그대로 이동한다는 사실(이를 M이라고 하자)은 아인슈타인의 일반 상대성이론(이를 R이라고 하자)의 증거인 것은 분명해 보인다. 즉 수성의 근일점 이동이 상대성이론을 입증하는 점은 분명해 보인다. 여기서 4.2.4절에서 제시된 베이즈주의 입증 이론을 떠올려 보자. 베이즈주의가 이런 수성의 근일점 이동과 일반 상대성이론 사이의 관계를 잘 설명한다면, 다음이 성립해야 한다.

(5.1a)　　$Cr(R|M) > Cr(R)$.

그럼 (5.1a)가 성립할 수 있는가? 이 식에서 Cr은 무엇인가? 분명 그
것은 과학자들이 가지고 있었던 신념도 함수이다. 그럼 이것은 과학자
들이 언제 가지고 있었던 신념 함수인가?

　이 질문과 관련해 우리는 다음 네 가지 시점을 생각해 볼 수 있다.

① 시점 t_1: 과학자들이 M을 아직 확신하고 있지 않은 시점.
② 시점 t_2: 과학자들이 M을 확신하게 되었지만 아직 R이 제안되지
　　　　　않은 시점.
③ 시점 t_3: 과학자들이 M을 확신하였을 뿐만이 아니라 R이 제시된
　　　　　시점.
④ 시점 t_4: 과학자들이 M을 확신하고 R이 제시되었을 뿐만이 아니
　　　　　라 R이 M을 도출한다는 것을 알게 된 시점.

만약 (5.1a)의 Cr이 시점 t_1에 과학자들이 가지고 있었던 신념도 함수
라면, (5.1a)가 성립할 수 있을까? 역사적으로 볼 때, 시점 t_1에 어떤
과학자도 상대성이론의 존재를 모르고 있었다. 상식적으로 생각해 볼
때, 모르고 있는 명제들에 대해서 어떤 믿음을 가질 수는 없다. 다시 말
해, Cr이 t_1의 신념도 함수라면, $Cr(R|M)$은 물론 $Cr(R)$의 값은 정의
되지 않는다. 따라서 (5.1a)는 성립할 수 없고 베이즈주의자들은 Cr이
t_1의 신념도 함수라고 말할 수 없다. 그럼, Cr이 시점 t_2에 과학자들이
가지고 있었던 신념도 함수일 수 있는가? 이는 시점 t_1의 경우와 같은
문제를 일으킨다. 즉 과학자들은 R의 존재를 모르고 있었기에 그 시점
에서 $Cr(R|M)$과 $Cr(R)$은 정의되지 않으며 따라서 (5.1a)는 성립할

수 없다.

그럼, t_3과 t_4는 어떠한가? 여기서 주목할 것은 이 두 시점에 과학자들은 M을 확신하게 되었다는 것이다. 즉 (5.1a)의 Cr이 t_3 혹은 t_4에 과학자들이 가지고 있었던 신념도 함수라면, 다음이 성립한다.

(5.1b) $Cr(M) = 1$.

그럼, 이 경우 (5.1a)가 성립할 수 있는가? 안타깝게도 그렇지 않다. 베이즈주의자들은 우리의 신념도가 확률 계산 규칙을 만족해야 한다고 말한다. 그럼 확률 계산 규칙에 따르면 다음이 성립한다는 것을 주목하자.

$$Cr(R) = Cr(R \wedge M) + Cr(R \wedge \neg M) = Cr(M)Cr(R|M) + Cr(\neg M)Cr(R|\neg M).$$

그럼 (5.1b)에 따르면 $Cr(M)$의 값은 1이고, $Cr(\sim M)$의 값은 0이다. 따라서 다음이 성립한다.

(5.1c) $Cr(R|M) = Cr(R)$.

이렇듯 베이즈주의에 따르면 (5.1a)의 Cr이 t_3 혹은 t_4에 과학자들이 가지고 있었던 신념도 함수라면, (5.1a)와 충돌하는 (5.1c)가 도출된다. 즉 베이즈주의자들은 Cr이 t_3 혹은 t_4에 과학자들이 가지고 있었던 신념도 함수라고 말할 수 없다. 결과적으로 베이즈주의자들은 (5.1a)를 증명할 수 없고, 이에 수성의 근일점이 특정한 방식으로 이동한다는 사실이 상대성이론을 입증한다는 사실을 보일 수 없다. 이는 분명 실제 과학적 모습과 충돌하는 결과이다.

여기서 M은 일반 상대성이론이 등장하기 전에 과학 공동체가 이미 가지고 있었던 증거라는 사실에 주목하자. 이런 증거는 흔히 '오래된 증거'라고 불리며, 그리고 위 문제를 '오래된 증거의 문제'라고 한다. 일반적으로 증거와 가설 사이의 관계는 증거와 가설 중에 무엇이 먼저 알려졌는가, 즉 증거와 가설 사이의 시간적 선후 관계와 무관한 듯이 보인다. 그리고 이런 점 때문에 실제 과학연구에서 무엇이 먼저 알려졌는지는 가설과 증거 사이의 관계를 파악하는 데 중요하지 않다고 생각하는 것 같다. 즉 먼저 알고 있든 그렇지 않든 간에 수성의 근일점 이동은 일반 상대성이론을 입증한다는 것이다. 하지만, 베이즈주의 입증 이론에서는 언제 증거를 획득하였는지가 중요해 보인다. 이런 점에서 베이즈주의 입증 이론은 실제 과학 연구를 반영하지 못한다고 평가받기도 한다.

5.2 베이즈주의의 한계

5.2.1 트버스키와 카너먼의 비판

베이즈주의적 합리성 원리에 따르면 추리와 판단은 확률론의 공리 체계를 준수하는 한 합리적이다. 그러나 확률론의 공리 체계에 의해 규제되는 합리성은 인간이 실제로 준수하기에는 매우 이상적이라는 점은 부인할 수 없다. 이런 맥락에서 추리를 경험적 차원에서 연구해 온 많은 학자들이 베이즈주의적 합리성은 이상적 추론을 위한 원리로서만 작용할 뿐 실제 추리 상황에서는 적용될 수 없다는 비판을 제기해 왔다.

베이즈주의적 합리성 개념에 대한 경험적 차원에서의 도전은 인지심리학에서 시작되었다. 인지심리학자들은 인간이 베이즈주의가 가정하듯이 이상적 합리성을 지닌 행위자가 아니며, 확률론의 공리 체계는 인간이 준수할 수 없는 이상적 체계라고 주장한다. 예를 들어 보자. 트버스키와 카너먼(Tversky and Kahneman)은 다음과 같이 피험자들이 린다(Linda)라는 여성의 경력에 대한 간단한 설명을 읽고 그녀의 직업과 사회적 활동에 대해 추측하도록 요청했다.

> 린다는 31세의 활달하고 매우 영리한 여성이다. 린다는 철학을 전공했다. 그녀는 학생 시절 차별과 사회정의의 문제에 깊은 관심을 가졌고 반핵 운동에도 참여했다.

> 이를 토대로 다음 진술들의 확률적 순위를 정하시오. (여기에서 1은 가장 확률이 높고 6은 가장 낮은 확률을 의미함.)

> a. 린다는 초등학교 선생이다.
> b. 린다는 서점에서 일하며 요가를 배우고 있다.
> c. 린다는 여성 운동에 적극적이다.
> d. 린다는 심리치료를 담당하는 사회복지 직원이다.
> e. 린다는 여성 유권자 그룹의 회원이다.
> f. 린다는 은행원이다.
> g. 린다는 보험 외판원이다.
> h. 린다는 은행원이고 여성 운동에 적극적이다.

위의 실험에 참가한 학부생 88명 중 85%가 c > h > f 순으로 확률이 높다고 대답했다. 그러나 h는 c와 f의 연언으로서, 확률 계산법에 따르면 연언의 확률은 그것을 구성하는 연언지의 확률보다 더 높을 수 없다. 즉 P(c) > P(h)이고 P(f) > P(h)이다. 이처럼 연언 확률에 대한 규칙을 무시하는 오류를 연언 오류(conjunction fallacy)라고 한다.

베이즈주의 합리성 원리에 따르면 연언 오류를 범한 실험 참가자들의 추리는 합리적이지 못하다. 트버스키와 카너먼에 따르면 연언 오류는 확률 계산법을 잘 알지 못하는 초보자들만이 범하는 것이 아니라 통계학을 공부한 적이 있는 대학원생이나 경영학이나 경제학과 같이 의사결정론을 연구하는 박사과정 학생들도 자주 범한다. 다음의 표는 확률 계산법에 관한 지식 수준과 연언 오류를 범하는 것 사이의 상관관계를 보여 준다.

지식 수준	거의 모름	조금 앎	전문가
오류율	83%	92%	86%

위의 표에서 나타나듯이 연언 오류는 확률 계산법에 관한 지식을 소유하는 것과 무관하게 비교적 높은 비율로 발생하고 있다. 흥미로운 점은 확률론의 법칙들을 조금 아는 것이 거의 모르는 것보다 더 높은 오류를 저지르는 요인이 된다는 것이다. 우리나라 속담에 "선무당이 사람 잡는다"는 말이 있듯이 약간의 지식을 갖고 있는 것이 정확한 추리를 하는 데에 위험한 요인으로 작용할 수 있음을 보여 주는 대목이다.

트버스키와 카너먼은 연언 오류는 인간에게 뿌리 깊은 오류라고 보았다. 그들은 연언 오류 이외에도 선언 효과(disjunction effect), 합산 효과(additivity effect), 기초비율 오류(base rate fallacy) 등과 같은 인간이 범하기 쉬운 다양한 오류 유형을 제시했는데, 그런 오류들은 추론상의 단순한 실수가 아니라 체계적 비합리성을 보여 주는 증거에 해당한다.

　왜 많은 사람들과 심지어 확률 계산법을 잘 알고 있는 사람들이 연언 오류를 범하는가? 트버스키와 카너먼에 따르면 그 오류는 사람들이 베이즈주의가 아니라 별도의 추리 규칙을 따르기 때문에 발생한다. 즉 사람들은 확률적 추리를 해야 할 때 확률 계산법을 따르는 것이 아니라 심리적 성향에 더 의존한다. 트버스키와 카너먼은 그런 성향을 어림법(heuristics)과 편향(bias)이라고 규정한다. 어림법과 편향은 알고리즘처럼 항상 올바른 결과를 낳는 것은 아니지만 사람들은 손쉬운 추리 방법으로서 그것들을 이용한다. 우리가 자주 따르는 어림법으로는 대표성 어림법(representativeness heuristics)과 가용성 어림법(availability heuristics)이 있다. 대표성 어림법은 한 대상이 특정 범주에 속할 확률을 그 대상이 해당 범주를 대표하거나 그 범주의 전형적 대상과 유사한 정도에 근거하여 결정하는 성향이다. 예를 들어, 린다의 문제에서 피험자들은 린다가 전형적인 은행원과 비슷하지 않기 때문에 린다가 은행원일 확률이 낮다고 판단한 반면에 그녀가 여성 운동가의 경력을 갖고 있기 때문에 린다가 여성 운동가 겸 은행원일 가능성을 높게 보았다.

　베이즈주의자들은 이런 논증에 대해 그런 어림법들은 표준적인 추리 상황이 아니라 시간적 제한과 같은 제약이 주어진 상황에서만 작동하며 사람들은 대체로 베이즈주의가 규정하는 방식으로 추리한다고 대응할 수 있다. 그러나 트버스키와 카너먼을 비롯한 인지심리학자들의 연구에 따르면 어림법은 우연한 실수나 개인적 취향 때문에 사용되는 추리 전략이 아니라 일정한 조건에서 체계적으로 나타난다. 어림법은 다음과 같은 특징들을 갖는다. (a) 일관성: 일정한 조건이 충족되면 언제 어디서나 비합리적 판단을 유도할 수 있다. (b) 보편성: 대부분의 사람들은 문화적, 사회적, 지적 차이와 상관없이 비합리적인 문제 해결의 전략을 사용한다. (c) 체계성: 비합리적 문제 해결 어림법의 사용은 주변 상황에 의존적인 우연적 선택이나 변덕스러운 의견 때문에 비롯된 것이 아니라 체계적인 수단을 사용한 결과이다. (d) 비전이성: 한 가지 종류의 어림법을 사용하는 것이 억제되었다고 해서 다른 종류의 전략이 사용되는 것이 억제되는 것은 아니다.

이상에서 볼 수 있듯이 인간의 추리와 판단에 대한 인지심리학의 연구는 인간이 베이즈주의에서 가정되는 것처럼 이상적 추론가가 아니라는 점을 보여 준다. 베이즈주의는 경험적으로 반증된 이론인가? 이와 관련하여 베이즈주의자들은 두 가지 태도를 취할 수 있다. 첫째, 그들은 베이즈주의적 합리성은 이상적 목표로서 제시된 것이라고 주장할 수 있다. 이 경우 베이즈주의는 실제적 적용성이 크게 결여된 추상적 추리 체계로 남게 된다. 둘째, 그들은 트버스키와 카너먼이 제시한 경험적 결과를 다른 관점에서 해석하여 비극적인 결론을 피할 수 있다. 우리는 그 가능성을 바로 이어서 검토하기로 한다.

5.2.2 기거렌쩌의 빈도적 접근

트버스키와 카너먼의 실험 결과는 다른 방식으로 이해될 수 있다. 즉 그들의 실험에서 나타난 결과는 인간이 비합리적 판단자라는 점을 보여 주는 것이 아니며, 합리성의 기준에 문제가 있다고 생각할 수 있다.

이와 관련하여 진화심리학자들은 베이즈주의를 뒷받침하고 있는 요소 중 하나인 확률에 대한 주관적 해석이 확률에 관한 적절한 해석이 될 수 없다고 주장하면서 빈도적 해석을 그 대안으로서 제안한다. 빈도적 해석이 주관적 해석과 크게 차이가 나는 점으로는 확률을 우리의 인식과 독립적으로 성립하는 세계의 객관적 성질로 간주한다는 점과 확률을 단일 사건의 성질이 아니라 장기 시행에서 경험적으로 관찰될 수 있는 성질로 간주한다는 점에 있다.

진화심리학자들에 따르면 트버스키와 카너먼의 실험 결과는 문제가 잘못된 방식으로 제시되었기 때문에 나타났으며, 올바른 방식으로 문제가 제시되었더라면 피험자들은 올바른 판단을 내릴 수 있었다. 피들러(Fiedler)는 실험이 빈도주의적 방식으로 구성되면 피험자들이 연언 오류를 범하는 비율이 크게 감소한다고 주장한다. 피들러의 실험에서 제시된 린다 문제는 다음과 같다.

린다는 31세의 활달하고 매우 영리한 여성이다. 린다는 철학을 전공했다. 그녀는 학생 시절 차별과 사회정의의 문제에 깊은 관심을 가졌고 반핵 운동에도 참여했다.

린다에 관한 기술을 만족시키는 200명의 사람이 있다고 하고 다음 질문에 답하시오.

a. 그 200명 중 몇 명이 은행원인가?
b. 그 200명 중 몇 명이 여성운동가 겸 은행원인가?

트버스키와 카너먼의 실험에서는 "린다가 여성운동가 겸 은행원일 확률은 얼마인가?"라고 질문함으로써 피험자의 주관적 확률을 묻는데 비해 피들러의 실험에서는 "제시된 린다의 경력과 동일한 경력을 갖고 있는 200명 중 여성운동가 겸 은행원은 몇 명 정도인가?"라고 질문함으로써 200명 중 관찰될 수 있는 상대빈도를 묻는다. 빈도주의적 방식으로 구성된 실험에서 피험자들이 연언 오류를 범하는 비율은 21%로 크게 감소했다.

기거렌쩌(Gigerenzer)도 피들러와 마찬가지로 빈도주의적 방식으로 구성된 실험을 수행했는데 거기에서 피험자가 연언 오류를 범하는 확률은 13%로 낮아졌다. 기거렌쩌에 따르면, 빈도에 대해 묻는 것이 인간의 추리 능력을 측정하는 올바른 방식인데 그 이유는 추리 능력은 인간이 주어진 환경에서 생존에 기여하는 방식으로 진화한 것이기 때문이다. 즉 수렵채집 사회로부터 진화한 확률에 관한 인간의 직관은 단일 사건의 가능성을 추구하는 것이 아니라 사건들의 계열에서 특정 사건이 나타나는 빈도에 민감한 방향으로 진화했다.

기거렌쩌는 빈도적 관점에서 트버스키와 카너먼의 입장에 대해 다음과 같이 비판한다. 첫째, 경험적 차원에서 트버스키와 카너먼이 주장한 편향 중 일부는 위에서 볼 수 있듯이 주관적 확률이 아니라 상대빈도에 대해 질문함으로써 감소하기 때문에 안정적이지 못하다. 둘째, 방법론적 차원에서 트버스키와 카너먼의 어림법이 대표성 개념과 같이 확률론적이지 않은 용어들을 활용하여 규정되기 때문에 편향을 생성하는 요인으로서 어림법에 호소하는 것은 설명력이 낮다. 셋째, 규범적 차원에서 트버스키와 카너먼이 편향 중 일부를 오류라고 분류하는 것은 다음과 같은 이유로 잘못이다. (a) 빈도적 해석에 따르면, 단일 사건의 확률은 의미가 없기 때문에 단일 사건 판단에 대한 규범을 제시하는 것은 부적절하다. (b) 설사 단일 사건의 확률이 의미가 있다고 하더라도 통계적 규범들은 내용에 민감하지 않고 일상 규범과 충돌할 수 있기 때문에 그것들의 지배를 받을 필요가 없다. (c) 경우에 따라서는 통계적 규범들 간에도 충돌이 발생한다.

트버스키와 카너먼의 견해에 대한 기거렌쩌의 비판은 빈도적 해석에 기반을 두고 있으므로 그 비판의 타당성은 빈도적 해석이 과연 확률에 대한 올바른 해석인지에 달려 있다. 우리는 여기서 확률 해석의 문제를 다룰 수 없지만 빈도적 해석이 확률에 대한 유일하고도 우월한 해석은 아니라는 점을 분명히 해 둘 필요가 있다. 카르납(Carnap)도 지적했듯이 확률에는 양립불가능하지만 그럼에도 불구하고 필요한 두 가지 개념이 있다. 입증의 정도로서의 '확률 1'과 장기 시행에서의 상대빈도로서의 '확률 2'가 그것이다. 카르납의 입장에서 볼 때, 확률이 입증도와 상대빈도라는 두 가지 방식으로 해석될 수 있다는 점을 간과하고 오직 그중 하나만을 유일한 해석이라고 주장하는 것은 잘못이다.

　기거렌쩌가 비록 확률에 대한 빈도적 해석을 선호하여 추리의 양상을 축소하긴 했지만 그의 입장은 베이즈주의의 전망에 대해 한 가지 중요한 점을 함축한다. 기거렌쩌의 입장은 마음이란 진화 과정을 거쳐 나타난 적응의 결과라는 진화론적 관점에 기반을 두고 있다. 진화론적 관점에서 보면 마음은 주어진 환경에 적응하기 위한 도구이고 사고와 감정은 마음의 작용이므로 합리성은 마음이 주어진 환경에 적응하는 정도에 의하여 평가되어야 한다. 인지적 한계를 고려하지 않은 무제한적인 합리성 개념에 따르면 인간은 항상 비합리적 행위자로 평가될 수밖에 없다. 이처럼 진화심리학자들은 인간의 사고 능력을 주어진 환경과 인지적 자원의 차원에서 설명한다. 인간이 제대로 된 판단을 내리기 위해서는 충분한 시간, 배경지식, 추리 능력 등이 필요하지만 실제 판단 상황에서는 그 요소들이 충족될 수는 없다. 대부분의 추리는 제한된 시간과 지식, 제약된 계산 능력을 바탕으로 이루어지기 때문에 베이즈주의적 합리성 원리를 충족시킬 수 없다.

　추리, 판단, 의사 결정을 다루는 기존 이론들은 논리학과 확률론의 법칙에 기반을 둔 다목적용 메커니즘을 전제한다. 그러나 기거렌쩌에 따르면, 환경적 규칙성과 마음의 제한된 능력을 고려할 때 인간이 실제로 사용하는 메커니즘과 어림법은 빠르고 간편하며 동시에 정확하다고 보아야 한다. 예를 들어, 사람들은 자신에게 친숙한 도시가 그렇지 않은 도시보다 더 크다고 판단한다(ignorance-based heuristic). 이 대목에서 우리는 기거렌쩌의 이론의 문제점을 보게 된다. 기거렌쩌의 주장과는 달리 유기체는 많은 복잡한 메커니즘을 갖고 있다. 코스미데스와 투비(Cosmides and Tooby)가 지적했듯이, 자연선택의 결과로서의 시각 체계는 전산적 메커니즘을 갖고 있는데 그것은 베이즈주의적 확률 계산법과 관련된 메커니즘에 비해 훨씬 더 복잡하다. 우리는 여기서 베이즈주의가 주장하는 확률 계산법을 구현하는 전산적 메커니즘의 진화를 방해하는 어떠한 자연적 제한도 생각할 수 없다. 또한 신속하고 간편한 어림법이 항상 적응에 유리한 것은 아닐 것이다. 예를 들어, 병원 응급실에서는 그런 어림법이 적용될 수 있겠지만 뇌수술, 직업 선택, 주택 구입, 배우자 선택의 경우 우리는 가능한 모든 정보를 이용하여 판단을 내려야 한다. 신속하고 간편한 어림법은 어떤 상황에서는 적응에 매우 유용한 방식이지만 모든 상황에 적용되는 것은 아니다.

　베이즈주의가 전제로 하는 무제한적 합리성 개념은 심리학자들뿐만 아니라 철학자들(Cherniak, Giere)도 지적해 왔다. 기거렌쩌가 철학자들과 의견을 달리하는 것은 진화론적 관점에 근거하여 제한되고, 생태적이고, 사회적인 합리성을 주장한다는 데 있다. 기거렌쩌는 환경은 빈도적 규칙성을 갖고 있으므로 인간의 의사 결정의 메커니즘은 그런 규칙성을 이용해야 한다고 주장한다. 현재 여러 분야에서 연구되고 있는 의사 결정 이론에서는 기거렌쩌가 강조하는 특성들이 충분히 고려되지 않고 있으며 특히 생태적 차원과 사회적 차원에서의 합리성은 거의 무시되고 있다. 진화심리학적 관점은 추리, 판단, 의사 결정의 합리성을 논의하는 데 있어서 그 세 가지의 특성을 고려해야 하는 이유를 설득력 있게 제시한다는 점에서 합리성을 이해하는 하나의 지평을 제공한다.

5.3 전망

학문 세계에서 문제점과 한계가 없는 이론은 상상 불가능하다. 이 점에서 베이즈주의도 예외는 아니다. 지금까지의 논의를 통해 우리는 베이즈주의가 내외적인 문제점들을 갖고 있으며 그중에는 해결하기 매우 어려운 것도 있다는 점을 알게 되었다. 예를 들어 오래된 증거의 문제나 무제한적 합리성 원리의 문제가 그것이다. 이제 향후 베이즈주의 연구의 흐름을 전망해 보기로 하자.

5.3.1 사회적 신념도

기존의 베이즈주의는 개인적 차원의 문제를 집중적으로 다루어 왔다. 그동안 베이즈주의는 주로 개인의 신념도 형성과 그것의 수정에 초점을 맞추어 왔지만 사회인식론이나 과학방법론으로서의 베이즈주의는 개인이나 개별 과학자의 신념도만을 다룰 수는 없다. 정보 통신 기술의 발달에 힘입어 현대인은 '지구촌'에 살고 있으며 점차로 타자에 의존하는 삶을 살고 있다. 그 결과 개인의 생각은 형성과 발전 과정에서 타자에 의해 크게 영향을 받는다. 과학도 예외는 아니다. 개별 과학자들은 각자 자신이 연구를 수행하고 있지만 그들은 특정 과학자 사회에 소속되어 있고 현대에 들어 과학적 연구는 점차로 집단을 중심으로 이루어지고 있다. 그 결과 베이즈주의가 적절한 과학방법론이 되기 위해서는 당연히 과학자 집단이나 과학자 사회의 신념을 다루어야 한다. 이와 관련하여 어떻게 개인의 신념들이 연합하여 하나의 사회적 신념을 형성하는가라는 문제가 향후 베이즈주의 연구의 핵심 주제가 될 것으로 보인다.

우리는 자연스럽게 '여론', '한국인의 마음'과 같이 특정한 사회적 주체가 갖는 생각이나 의견에 대해 말하곤 하는데 거기에는 사회적 의견이 그 구성원의 의견을 통해 형성되고 때로는 고착된다는 생각이 전제되고 있다. 아직까지 개인들의 신념도를 사회적 신념도로 변환시켜 주는 규칙이 제안된 적은 없지만 베이즈주의자들은 베이즈주의 망(Bayesian network)과 같은 최근에 개발된 기법을 사용하여 그 돌파구를 열 수 있을 것으로 기대된다.

5.3.2 증언

베이즈주의의 전망을 논의하는 데 있어 빠뜨릴 수 없는 또 다른 것은 증언이다. 우리의 지식 중 상당수는 다른 사람들의 증언에 의존하고 있다. 조선의 건국, 반 고흐의 죽음, 우주의 생성 등을 포함한 많은 것들이 다른 사람을 통해 들었거나 또는 그들이 작성한 글이나 여러 매체를 통해 얻어진 것이다. 인간의 지식 창고에서 증언에 의존하여 형성된 지식들을 제거한다면 그 창고는 거의 텅 비게 될 정도로 증언은 지식 형성과 전파에서 큰 역할을 한다.

증언이 이처럼 삶과 학문 세계에서 중요한 역할을 하고 있음에도 불구하고 증언에 대한 베이즈주의적 연구는 비교적 최근에 시작되었다. 증언에 대한 베이즈주의적 접근은 골드만(Goldman), 보벤스와 하르트만(Bovens and Hartmann) 등에 의해 개척되고 있는데 그들의 접근은 연구 초점에서 큰 차이를 보이고 있다. 골드만은 신빙성 있는 보고를 산출하고자 하는 동기를 유발하는 제도적 설계에 초점을 맞춘다. 반면에 보벤스와 하르트만은 확률적 일관성 개념에 바탕을 두고 여러 가지 원천으로부터 보고가 생성되는 방식과 과정, 보고의 신빙성 판단에 초점을 맞춘다.

철수가 영희에게 길동이가 외계인을 목격했다고 말한 이후에 그 말에 대한 추가적 증거를 제공하기 위해 자신이 말한 내용이 두 종류의 신문에 게재되었고 자신이 직접 그 기사를 읽었다고 말했다고 가정해 보자. 철수의 증언이 외계인의 존재에 대한 영희의 견해에 영향을 미치는 여러 요인들이 있겠지만, 철수의 첫째 증언 이후의 외계인에 대한 영희의 견해는, 만약 철수가 읽은 신문들이 실제로는 같은 신문사에서 발행하는 서로 다른 판, 즉 종이 신문과 인터넷 신문이었다는 것을 알게 된다면, 철수의 두 번째 증언에 의해 크게 강화되지 않을 것이다. 비록 그 두 가지 보고들이 상호 일관적이지만 그 일관성은 영희가 외계인의 존재를 믿는 추가적 이유를 제시하지는 못한다. 위의 예에서 무슨 문제가 나타나는가? 보벤스와 하르트만에 따르면 그것은 바로 신문 보고들이 상호 독립적이지 못하다는 데에서 발생한다. 베이즈주의적 증언 모형은 결탁을 경계하며, 그것을 처음부터 배제함으로써 그로부터 발생하는 문제를 예방하고자 한다.

보벤스와 하르트만의 입장은 전통 인식론에 대한 비판적 인식으로부터 출발한다. 루이스(C. I. Lewis)는 독립적이고 부분적으로 신빙성 있는 증언들로부터 유래한 정보들에 대한 신뢰도는 그것들 간의 일치에 의해 긍정적으로 영향을 받는다고 보았다. 루이스 이론의 핵심은 정보들이 일치할수록 그것들은 참으로서 신뢰된다는 것이다.

보벤스와 하르트만은 루이스의 주장을 베이즈주의적 방식으로 표현하고 그것을 '베이즈주의적 정합론'이라고 부른 다음 다음과 같이 평가한다. 첫째, 베이즈주의적 정합론은 지나치게 강한 논제이기 때문에 정보에 대한 일관적 순서를 제공하는 확률 측도를 추구할 수 없다. 둘째, 자신들의 분석은 베이즈주의적 정합론의 기초를 이루는 중요한 직관들을 구할 수 있는 방안을 제공한다. 여기서 그들이 취하는 전략은 정보들의 집합에 대한 일관적 순서가 아니라 준-순서(quasi-ordering)

이다. 그들은 이러한 준-순서에 기초한 이론을 준-약한 베이즈주의적 정합론이라고 부른다. 준-약한 베이즈주의적 정합론은 두 가지 기본 원리를 갖고 있다. (a) 모든 정보 집합들 S와 S' ∈ S에 대해서, 만약 S가 S'만큼 일관적이면 S의 내용(즉, S 안에 있는 명제들의 교집합)이 참이라는 신뢰도는, 다른 조건들이 같다면, S'의 내용이 참이라는 신뢰도만큼이나 참이다. (b) S에 대한 준 일관성 순서는 전적으로 S 안에 있는 정보들의 확률적 특성들에 의해 결정된다. 보벤스와 하르트만은 준-약한 베이즈주의적 정합론을 베이즈 망을 활용하여 증언의 신빙성 문제를 연구한다. 그들의 연구는 앞에서 그 필요성이 언급된 사회 인식론을 베이즈주의적으로 접근할 수 있는 길을 제공한다는 점에서 베이즈주의의 21세기 방향을 보여 주는 좋은 예에 해당한다.